LA PRIVATION DE MONDE

DU MÊME AUTEUR

Fichte et Hegel. La reconnaissance, Paris, P.U.F., 1999.

Du commencement en philosophie. Étude sur Hegel et Schelling, Paris, Vri 1999.

Fondement du droit naturel. Fichte, Paris, Ellipses, 2000.

L'être et l'acte. Enquête sur les fondements de l'ontologie moderne de l'ag Paris, Vrin, 2002.

La production des hommes. Marx avec Spinoza, Paris, P.U.F., 2005 ; Paris, Vri 2013.

Sans objet. Capitalisme, subjectivité, aliénation, Paris, Vrin, 2009 ; 2012.

Manifeste pour une philosophie sociale, Paris, La Découverte, 2009.

Marx. Relire Le Capital, Paris, P.U.F., 2009.

La privation de monde. Temps, espace et capital, Paris, Vrin, 2011.

La critique sociale au cinéma, Paris, Vrin, 2012.

Philosophies de Marx, Paris, Vrin, 2015.

Le sens du social. Les puissances de la coopération, Montréal, Lux Éditeu 2015.

Qu'est-ce qu'un gouvernement socialiste ? Ce qui est vivant et ce qui est mc dans le socialisme, Montréal, Lux Éditeur, 2017.

PROBLÈMES ET CONTROVERSES

Franck FISCHBACH

LA PRIVATION DE MONDE
Temps, espace et capital

PARIS
LIBRAIRIE PHILOSOPHIQUE J. VRIN
6, Place de la Sorbonne V e
—
2019

© *Librairie Philosophique J. VRIN*, 2011
ISSN 0249-7875
ISBN 978-2-7116-2388-4

www.vrin.fr

« L'esprit, c'est l'individu qui est un monde. »
G. W. F. Hegel, *Phénoménologie de l'esprit*, VI.

« Mais l'homme, ce n'est pas un être abstrait recroquevillé hors du
monde ; l'homme, c'est *le monde de l'homme*,
c'est l'État, c'est la société. »
K. Marx, *Introduction à la critique
de la philosophie du droit de Hegel*.

« La clarification de l'être-dans-le-monde a montré qu'il n'y a
pas d'emblée et que jamais non plus n'est donné
un sujet dépourvu de tout monde. »
M. Heidegger, *Être et Temps*, § 25.

AVERTISSEMENT

Le présent ouvrage peut être considéré comme venant achever un ensemble commencé en 2005 avec *La production des hommes* (Presses Universitaires de France) et poursuivi en 2009 avec *Sans objet* (Vrin).

L'occasion de mener à bien l'écriture de ce livre m'a été donnée par la série de leçons que j'ai prononcées en 2011 sur la «Chaire Marcel Liebman» de l'Université Libre de Bruxelles. J'adresse mes vifs remerciements et mes amicales pensées aux animateurs de l'*Institut Marcel Liebman* : Jean Vogel, Mateo Alalouf et Henri Hurwitz. Je remercie Serge Boucheron pour sa lecture attentive

Je dédie ce livre à la mémoire de Jean-Marie VAYSSE.

UNE MONDIALISATION SANS MONDE

> « Ce mouvement circulaire de l'usure pour la consommation
> est l'unique processus qui caractérise l'histoire d'un monde
> qui est devenu un non-monde. »[1]

Avoir un monde et être sans monde

Mundus était utilisé en latin comme un adjectif désignant
la qualité de ce qui est propre, d'abord au sens d'être nettoyé,
mais aussi au sens d'être «propre à», c'est-à-dire de pouvoir être
utilisé pour faire quelque chose. Ce qui est *mundus*, c'est ce qui est
prêt à, ce qui est disposé pour, c'est-à-dire ce qui est prêt pour un
usage, ou ce qui est à notre disposition de sorte que nous puissions en
faire quelque chose. Ces deux sens subsistent dans notre «émon-
dage», puisqu'un arbre émondé est un arbre que l'on a nettoyé de
ses branches mortes précisément afin qu'il soit davantage prêt et
propre à produire plus de fruits et de meilleure qualité. «Monde»
n'apparaît plus que comme substantif en français, mais le caractère
d'adjectif existe encore dans notre langue pour désigner le contraire
de ce qui est «monde», à savoir ce qui est «immonde» : est qualifié
d'immonde ce qui est sale et repoussant, ce qui n'est donc propre

---

1. M. Heidegger, «Dépassement de la métaphysique», dans *Essais et conférences*,
trad. fr. A. Préau, Paris, Gallimard, 1958, p. 111 (nous modifions légèrement la traduction sur
la base de Heidegger, *Vorträge und Aufsätze*, Pfullingen, Neske, 1954, p. 96).

à aucun usage, ce dont on ne peut rien faire, et donc ce qui nous est tout à fait extérieur et étranger. La thèse que nous soutiendrons est que la réalité sociale de notre modernité tardive « n'est pas monde », où « monde » est à entendre comme adjectif : c'est la thèse d'une privation du caractère de monde de notre réalité contemporaine. Or dire de cette réalité qu'elle n'est pas « monde », c'est dire qu'elle n'est pas disposée, apprêtée à notre usage, qu'elle n'est pas appropriée à notre usage, que nous ne savons pas ce que nous pourrions encore en faire, et donc qu'elle nous est extérieure au point de nous paraître étrangère. De la réalité qui n'est pas monde, nous sommes renvoyés à nous-mêmes comme à ceux qui sont privés de monde ; or pour des êtres qui ont en propre la qualité d'être dans un monde (on verra plus loin pourquoi j'évite l'expression d'être *au* monde), le fait d'être privé de monde et de mener une existence sans monde implique une dépossession fondamentale qui est en même temps une forme essentielle de mutilation.

Deux objections peuvent aussitôt être soulevées. Premièrement, cette thèse n'est pas nouvelle : donc à quoi bon la proposer à nouveau ? On la trouve par exemple déjà chez Hannah Arendt avec son concept de *Weltentfremdung*, c'est-à-dire d'aliénation du monde, au sens d'un devenir étranger au monde. Et on la trouve également reprise très récemment par André Tosel, notamment sous la forme suivante : « Un immense mouvement de désémancipation qui est production d'un "non-monde" pour les masses subalternes montre la fragilité réelle et la barbarie de la mondialisation capitaliste qui transforme toutes les victimes du précariat en "autres" incomposables, déspécifiés, expulsés de ce qui en fait nos "semblables"; superfluité humaine et privation de monde – acosmisme humain – se conjuguent en un cercle infernal »[1]. Mon accord est complet avec ce diagnostic, mais je formulerai néanmoins les choses un peu différemment ; et cette différence peut déjà apparaître à partir de cette autre formulation d'André Tosel : « Des millions d'hommes souffrant de la misère et du manque de

---

1. A. Tosel, *Du retour du religieux. Scénarios de la mondialisation culturelle, I*, Paris, Kimé, 2011, p. 35. Voir aussi A. Tosel, *Un monde en abîme. Essai sur la mondialisation capitaliste*, Paris, Kimé, 2008.

biens élémentaires sont privés de la condition existentielle d'être-au-monde, d'appartenir à un monde commun produit de nos activités et milieu de toute culture des capacités »[1]. L'exemple pris ici des « millions d'hommes souffrants de la misère » révèle et rend manifeste la condition de privation de monde dans ses effets les plus directement destructeurs, mais, d'un autre côté, il l'occulte et la dissimule aussi en ce qu'il ne permet pas de voir la généralité de la privation de monde en tant que condition actuelle de l'homme, ou comme condition faite aujourd'hui à l'humanité en tant que telle, et pas uniquement à l'humanité la plus souffrante. Sous d'autres formes qui sont certes moins visibles, mais qui ne vont pourtant pas non plus sans souffrances, le travailleur salarié et précarisé des pays du centre de l'économie-monde, mais aussi le cadre supérieur, occidental ou pas, habitué des salles d'embarquement des aéroports, branché en permanence avec ses clients et les marchés par la vertu de ses appendices électroniques portatifs – ceux-là aussi partagent la condition de la privation de monde, ce dont témoignent, entre autres signes, les vagues de suicides qui se sont produites ces dernières années dans certaines grandes entreprises. J'ajoute, même si c'est plus anecdotique et strictement intraphilosophique, qu'il est dommage de faire usage d'une expression comme « la condition existentielle de l'être-au-monde » (c'est-à-dire de ce que nous appellerons ici l'être-dans-le-monde, conformément à l'allemand *in-der-Welt-sein*) tout en maintenant un rapport simplement allusif à Heidegger et sans saisir l'occasion d'une explication avec sa pensée.

Ajoutons encore ceci : nous ne construirons pas notre concept de monde sous la forme du concept d'un « monde commun » que nous opposerions à la réalité moderne comprise comme une réalité qui ne pourrait plus être « commune » dans la mesure même où elle serait entièrement devenue « sociale »[2] : alors que le « social » est chez Arendt l'antithèse même du « commun » et donc du monde, nous entendons quant à nous préserver la possibilité que le social soit ou

1. *Ibid.*
2. *Cf.* H. Arendt, *Condition de l'homme moderne*, chap. 2, trad. fr. G. Fradier, Paris, Pocket-Agora, 1994.

devienne un monde, et nous ne voyons pas comment un monde qui soit un monde pour nous pourrait, dans les conditions de la modernité, être autre chose qu'un monde *social*. En d'autres termes, notre critique de la réalité sociale moderne, si elle s'appuie bien sur l'idée que cette réalité consiste en une privation de monde, ne partage pas pour autant les accents antimodernes et, dans une certaine mesure au moins, réactionnaires (il y a eu un monde naguère, notamment dans l'Antiquité, mais il ne peut plus y en avoir dans les conditions modernes) qui sont ceux de la critique arendtienne de la modernité.

Quant à la seconde objection, elle serait en gros la suivante : comment pouvez-vous parler d'une perte du caractère de monde de notre réalité sociale dans un contexte de mondialisation de cette même réalité ? Pour faire cela, il faut décidément être de ces philosophes qui aiment perdre leur temps, et celui des autres, à contester des évidences : sinon par goût des paradoxes, quel intérêt peut-il y avoir à prétendre que notre réalité sociale n'est pas un monde au moment même où elle est de manière évidente plus mondiale et plus mondialisée que jamais ?

Afin de répondre à cette objection, partons d'un premier examen (préalable et provisoire) de la question de savoir ce qu'est « le monde ». Pour l'instruire, il peut être utile de faire une distinction entre « la réalité » et « le monde », mais je ne la ferai pas dans les termes récemment proposés par Luc Boltanski : en effet, je ne vois pas « le monde » comme une sorte de ressource qui se situerait « derrière » ou « au-delà » de la réalité sociale, à moins que ce soit « en dessous » d'elle [1] – une source à laquelle on pourrait à loisir aller puiser des alternatives à la réalité sociale, le « monde » étant comme une sorte de réserve de tous les possibles qui sont précisément exclus par la « réalité » sociale existante. Pour L. Boltanski, le

---

1. « Le monde n'a rien d'une transcendance. Contrairement à la réalité, qui fait souvent l'objet de tableaux (notamment statistiques) prétendant à une autorité de surplomb, il est l'immanence même ; ce en quoi chacun se trouve pris en tant qu'il est plongé dans le *flux de la vie*, mais sans nécessairement faire accéder au registre de la parole, encore moins de l'action délibérée, les expériences qui s'y enracinent », L. Boltanski, *De la critique. Précis de sociologie de l'émancipation*, Paris, Gallimard, 2009, p. 94. Voir aussi L. Boltanski, *Rendre la réalité inacceptable*, Paris, Demopolis, 2008, p. 87.

monde est plus vaste que la réalité, le monde déborde la réalité socialement construite : le monde, c'est tout ce qui peut arriver, y compris et même surtout l'ensemble des événements dont la réalité sociale exclut qu'ils arrivent parce qu'ils en seraient la remise en cause et la contestation fondamentales. Pour ma part, je crains plutôt que nous ne disposions justement plus du monde comme d'une telle ressource en quelque sorte infra sociale et je considérerai ici le monde comme ce dont nous sommes privé par la réalité sociale, ou comme ce dont notre réalité sociale est très largement parvenue à nous priver. Il s'agira donc ici de comprendre en quoi et comment nous nous trouvons comme expropriés du monde, et par là privés d'une dimension essentielle de notre propre être : car nous sommes des êtres qui ne se contentent pas seulement d'*avoir* un monde, mais qui *sont* essentiellement *dans* le monde. L'être-dans-le-monde[1] est une structure de notre être, dont notre réalité contemporaine d'êtres-sans-monde se présente comme la stricte négation.

Un monde, nous en avons certes toujours un et il ne s'agit évidemment pas de prétendre que nous n'aurions plus de monde, au contraire : de monde, nous n'en avons sans doute jamais autant *eu* que maintenant, c'est-à-dire depuis que nous pouvons être informés de tout événement du monde pratiquement à l'instant même où il se produit, et où qu'il se produise à la surface du « monde », c'est-à-dire du globe terrestre. Nous avons un monde, certes, et on peut dire que nous avons désormais à notre disposition le tout du monde, mais sommes-nous pour autant dans le monde, ou bien n'y sommes-nous pas maintenant moins que jamais ? Ainsi, lorsque nous disons que nous avons un monde, et même un monde plus disponible que jamais auparavant puisqu'il s'agit d'un monde « mondialisé », c'est-à-dire d'un monde à la taille du globe, nous voulons dire en fait que notre réalité sociale est désormais à l'échelle du monde, c'est-à-dire de la planète ou du globe. Quand nous parlons de notre monde

---

1. On aura reconnu l'*In-der-Welt-sein* de Heidegger, habituellement (mal) traduit en français par « l'être-au-monde », un choix de traduction qui semble avoir été fait initialement par Gabriel Marcel et qui n'a plus jamais été remis en cause depuis. Nous pensons qu'il doit l'être et nous y reviendrons longuement plus loin. Notons qu'on traduit sans difficulté en anglais par *being-in-the-world*.

et que nous disons de lui qu'il est désormais global, c'est en fait de notre *réalité* sociale que nous parlons, et d'une réalité sociale qui est maintenant en effet à l'échelle mondiale, c'est-à-dire planétaire. En ce sens là, nous avons bien un monde, et il serait absurde en effet de prétendre le contraire et de dire que nous n'avons plus de monde ou que nous avons perdu le monde. Mais « monde » est alors pris comme un synonyme de « réalité » et par « monde » nous désignons la réalité d'une formation sociale qui tend vers une unification et une homogénéisation mondiales. Je chercherai ici à rendre plausible la thèse selon laquelle le fait d'avoir un monde plus unifié et homogène que jamais, c'est-à-dire le fait de vivre dans une réalité sociale étendue aux dimensions du monde ou du globe, non seulement est parfaitement compatible avec le fait que nous soyons désormais des êtres sans monde, des êtres privés de monde, mais que c'est là en définitive la condition même qui a fait que nous sommes désormais privés du monde.

On peut tout à la fois – et telle est notre situation actuelle – vivre dans une réalité sociale mondiale et être privé de monde : notre réalité sociale peut bien être mondiale, sans que cela empêche pour autant que notre existence soit démondanéisée, qu'elle soit privée ou se soit fait dérober son caractère d'existence dans un monde. Mais dire cela suppose d'abord de comprendre le monde ou la dimension du monde en un sens bien différent de celui qui est le sien lorsque nous parlons « d'avoir un monde », de vivre « dans un monde » ou d'être les contemporains et les acteurs d'une réalité sociale « mondialisée ». Il s'agira donc de comprendre comment la mondialisation de notre réalité sociale a pu s'accompagner de la perte ou de la privation de la mondanéité de notre existence – à moins qu'elle ne l'ait provoquée. Mais il nous faudra aussi prendre la mesure de ce qu'implique le fait que notre existence soit désormais privée de son caractère d'existence dans un monde, et enfin nous demander s'il existe ou non quelques chances que nous parvenions, contre le caractère mondial de notre réalité sociale, mais nécessairement aussi en elle, à reconquérir la dimension mondaine de notre existence.

LE MONDE N'EST PAS LE GLOBE

Qu'un processus de «mondialisation», au sens à la fois d'une extension du monde aux dimension de la planète et d'une unification planétaire, puisse s'accompagner d'une démondanéisation, d'une perte du monde, Hannah Arendt l'avait déjà clairement vu, et elle le montrait en prenant l'exemple de ce qu'on appelle aujourd'hui la première mondialisation, à savoir celle qui fut consécutive aux grandes découvertes. Même si les explorateurs et les conquérants, comme le dit Arendt, «partaient pour agrandir la Terre et non pour la rétrécir et en faire une boule», et même si leur intention n'était pas «d'abolir les distances»[1], il demeure que le résultat de leurs découvertes fut de «rassembler les horizons infinis, jadis ouverts, en un globe dont l'homme connaît les contours et la surface en détail comme les lignes de sa main»[2]. Ainsi, bien avant que l'on ne dispose des moyens techniques qui ont réellement permis de rapetisser le globe et d'abolir les distances, les cartes du monde qu'on a commencé à pouvoir établir pendant et après les grandes découvertes avaient déjà jeté les bases de ce rétrécissement du monde que les mondialisations suivantes, au XIXe et à la fin du XXe siècles, ont à chaque fois encore amplifié. Le premier rétrécissement du monde s'est d'abord fait dans les esprits, avant de se réaliser ensuite effectivement avec le bateau à vapeur, le chemin de fer, l'avion et l'internet : à l'époque de la première mondialisation, et sans aucun de ces moyens techniques, «un rétrécissement bien plus considérable, bien plus effectif, s'est produit du fait que l'esprit humain a été capable de mesurer et d'arpenter, et qu'en employant les nombres, les symboles, les modèles, il a su réduire les distances physiques terrestres à l'échelle du corps humain» et «mettre le globe terrestre au salon».

Or, pour pouvoir arpenter et mesurer, il faut se détacher de ce qui est proche, s'extraire de son environnement immédiat, porter son regard vers les lointains pour pouvoir englober le tout de ce qu'on

---

1. H. Arendt, *Condition de l'homme moderne*, trad. fr. G. Fradier, Paris, Pocket, 1994, p. 318.

2. *Ibid.*, p. 317.

mesure et arpente : il faut se détacher du monde dans lequel on est immédiatement inséré pour faire de lui un tout mesurable et le prendre en vue sous l'angle de sa globalité. « Faire des relevés et des arpentages, c'est une faculté dont le propre est de ne pouvoir fonctionner que si l'homme se dégage de tout attachement, de tout intérêt pour ce qui est proche de lui, et qu'il se retire, s'éloigne de son voisinage »[1]. Au fond c'est une question de focale : le monde paraît extrêmement vaste et quasiment infini aussi longtemps que nous restons pris dans notre environnement et auprès de ce qui constitue notre voisinage immédiat; mais, plus on s'éloigne de cet environnement immédiat, plus on augmente la distance entre le monde et nous, et plus le monde se met à rétrécir, plus il apparaît comme un tout limité, au point de pouvoir finalement tenir dans le creux de la main. Ce qui a fait du monde un tout aux dimensions du globe terrestre, c'est cette capacité de détachement, de désinsertion qui a rendu possible une attitude de survol. « Le rétrécissement décisif de la Terre a suivi l'invention de l'avion, donc d'un moyen de quitter réellement la surface de la Terre »[2] : mais le détachement à l'égard de la Terre et la posture du survol ont de longtemps précédé la capacité technique de voler effectivement au-dessus d'elle. « La diminution de l'éloignement entre deux point *sur* la terre ne peut être obtenue qu'aux prix d'un accroissement de l'éloignement de l'homme *par rapport à* la Terre, et donc au prix d'une aliénation (*Entfremdung*) décisive de l'homme à l'égard de son habitation terrestre immédiate »[3]. C'est en étant identifié à la Terre, au globe terrestre que le monde cesse d'être notre monde, celui *dans lequel* nous nous trouvons ou *dans lequel* nous habitons immédiatement, et un processus de mondialisation accomplit une telle privation de monde dans la mesure même où il est une identification du monde à la Terre et au globe, rendue possible par des moyens intellectuels d'abord, techniques ensuite de s'éloigner de ce qui nous entoure

1. *Ibid.*, p. 318.
2. *Ibid.*
3. *Ibid.*, p. 319. Nous retraduisons cette citation à partir de la version allemande du texte de Arendt. *Cf.* H. Arendt, *Vita activa oder Vom tätigen Leben*, München/Zürich, Piper Verlag, 2005, p. 321. Il y a un jeu de mots en allemand entre *die Entfernung* (l'éloignement) et *die Entfremdung* (l'aliénation).

immédiatement, de nous détacher de tout environnement immédiat et de substituer le survol à l'enracinement.

Nous avons tous sur nos ordinateurs un certain programme que nous lançons d'un clic qui fait apparaître le globe terrestre sur lequel quelques autres clics nous permettent de zoomer jusqu'à notre rue et au toit de notre maison – en réalité jusqu'à une image toujours plus ou moins floue dans laquelle nous tentons de reconnaître notre environnement immédiat, notre voisinage le plus proche, pour constater, généralement un peu déçus, que ce n'est pas exactement cela, qu'il manque quelque chose prouvant que la photo prise par satellite ne colle pas vraiment avec la réalité que nous connaissons : c'est le constat de ce que le monde, le monde dans lequel nous sommes, est inaccessible quand on tente de l'atteindre en zoomant à partir d'une image du globe entier. Contrairement à l'ancienne mappemonde sur laquelle nous savions bien que même la plus forte loupe ne nous permettrait évidemment pas d'apercevoir notre habitat, le programme en question nous fait espérer qu'il serait possible de passer d'une image du globe entier à une image de notre environnement le plus proche. Mais nous constatons à chaque fois que la suppression de distances de plusieurs dizaines de milliers de kilomètres, à la laquelle nous procédons en quelques mouvements de souris d'ordinateur, ne permet décidément pas de restituer l'immédiate proximité de notre monde et ne rattrape rien de l'irrémédiable éloignement qui seul nous permet de voir la Terre entière comme si nous étions embarqués dans un satellite artificiel. Il est donc vrai de dire que tout processus dit de « mondialisation » consiste en une abolition des distances, en un formidable rétrécissement de la Terre, et cela a été vrai dès la première mondialisation consécutive aux grandes découvertes et aux premières cartographies du globe terrestre ; mais cette abolition des distances et de l'espace *sur* la Terre n'est rendu possible que par un accroissement considérable de notre distance et de notre propre éloignement *par rapport à* la Terre, c'est-à-dire par notre déracinement hors du monde : le monde « mondialisé » n'est un monde que nous ne cartographions, arpentons et survolons que dans la mesure même où nous ne l'habitons plus.

Voilà qui peut déjà nous permettre d'apercevoir que l'espace ne peut qu'être amené à jouer un rôle déterminant dans notre enquête : une dynamique dite de « mondialisation » semble devoir être comprise à la fois comme une dynamique de *production* de l'espace en ce qu'elle engendre une unification spatiale sous la forme d'un espace neutre, sans qualité (qui est essentiellement l'espace de la géométrie), et comme une dynamique de *suppression* de l'espace en ce qu'elle tend à abolir les distances et à rapprocher toujours davantage les uns des autres les différents points de l'espace. Cette suppression de l'espace par abolition des distances paraît d'ailleurs être inséparable de l'expansion du mode de production de type capitaliste que sa dynamique portait dès le départ à la suppression de toutes les sortes de barrières (montagnes, déserts, fleuves, mers et océans) que la nature avait dressées entre des milieux naturels qu'elle semblait avoir ainsi rendus étanches et impénétrables les uns aux autres. Une suppression des barrières naturelles qui a pour double effet d'unifier l'espace terrestre sous la forme d'un espace débarrassé de toute différenciation qualitative, et de rapetisser toujours davantage cet espace en tendant à l'abolition des distances en son sein. Mais cette abolition des distances n'a elle-même été rendue possible que par une accélération considérable des vitesses de circulation dans cet espace et cette accélération des vitesses, à son tour, renforce l'unification de l'espace en tendant asymptotiquement à ne le faire plus consister qu'en un simple et unique point.

Ces transformations de l'espace, en tant qu'elles reposent sur une accélération des vitesses de circulation, engagent et supposent donc aussi des transformations du temps. Ainsi la dynamique d'unification de l'espace terrestre est-elle inséparable, du côté du temps, d'une forme comparable d'unification : des processus qui, parce qu'ils se déroulaient en des points très éloignés les uns des autres et sans relation les uns avec les autres, possédaient chacun leur propre temporalité, tombent au contraire désormais dans un seul et même temps, en l'occurrence dans un temps astronomique qui rend tous les processus terrestres (qu'ils soient naturels ou humains et sociaux) comparables les uns avec les autres et mesurables les uns par rapport aux autres. Tous les événements, où qu'ils se passent et se déroulent, deviennent inscriptibles au sein d'un seul et même temps.

Quant au rapetissement de l'espace, il repose sur une abolition des distances qui est elle-même rendue possible par une accélération des vitesses de circulation : on peut sans doute dire que cela ne va pas sans une accélération du temps lui-même (encore que ce qu'on entend par là ne soit pas immédiatement clair), mais sans doute y va-t-il d'abord d'une dynamique qui tend à réduire le temps à la seule dimension du présent pour autant que tous les points de l'espace, et les événements susceptibles de s'y produire, peuvent désormais être considérés comme absolument et strictement contemporains les uns des autres. Unification de l'espace, abolition des distances, accélération des vitesses : ces trois phénomènes, en cela même qu'ils rapetissent indéfiniment l'espace, tendent aussi à ramener le temps lui-même au seul règne d'un présent perpétuel.

« De nos jours, notait Heidegger en 1925, un concert donné à Londres est *proche* pour qui possède un poste de radio »[1] ; en ce qui nous concerne, nous pouvons davantage encore nous demander s'il subsiste quoi que ce soit de lointain et si tout ne nous est pas devenu proche, en tout cas pour ceux d'entre nous qui possèdent aujourd'hui une télévision et un ordinateur avec accès à internet. Constat banal, me direz-vous, mais qui le devient moins quand on questionne la proximité qui est ici en jeu. A première vue, cette proximité s'accompagne d'un « élargissement du monde », comme dit Heidegger, dans la mesure où il n'y a plus sur le globe aucun point, aussi éloigné soit-il, dont on ne puisse être immédiatement proche pour peu que des images nous en parviennent. Pourtant, ajoute Heidegger, « à y regarder de plus près, la proximité n'est pas autre chose qu'un éloignement éminent, lequel est disponible en fait dans une temporalité déterminée »[2]. Heidegger veut dire ici que cette proximité immédiate désormais possible avec tous les points

---

1. M. Heidegger, *Prolégomènes à l'histoire du concept de temps*, trad. fr. A. Boutot, Paris, Gallimard, 2006, p. 329. Ce texte est à rapprocher des considérations par lesquelles Heidegger ouvre en 1950 sa conférence intitulée « La chose », *cf.* M. Heidegger, *Essais et conférences*, trad. fr. A. Préau, Paris, Gallimard, 1958, p. 194-196.

2. *Ibid.*, p. 330.

du globe suppose un « éloignement éminent » à l'égard du monde :
seul un tel éloignement à l'égard du monde, en réalité une extraction
hors du monde, autorisée par les moyens modernes de transport et de
communication, permet en même temps le rapprochement des
points les plus éloignés de l'espace. Or cet éloignement à l'égard du
monde, qui a pour effet de rapprocher tous les points et d'abolir les
distances, n'est lui-même rendu possible que par l'accélération
constante des vitesses auxquelles circulent aussi bien les choses,
les informations que nous-mêmes. C'est pourquoi Heidegger écrit
au même endroit que, « dans toutes les formes d'accroissement de
vitesse auxquelles nous participons aujourd'hui de gré ou de force,
que nous le voulions ou non, les distances se trouvent abolies » [1].
Et il ajoute encore que « dans sa structure d'être, cette abolition
singulière des distances est une frénésie de proximité » [2]. Où la « frénésie » renvoie à l'accélération constante des vitesses de circulation
et de communication ; mais cette frénésie est dite « frénésie de proximité ». Le sens de la formule et sa portée s'éclairent si on se rappelle
que Heidegger a commencé en notant, au sujet de « l'éloignement
éminent », qu'il était « disponible dans une temporalité déterminée ». Or cette « temporalité déterminée » apparaît clairement
maintenant comme étant celle du présent, et plus exactement celle
d'un présent perpétuel.

L'abolition des distances du côté de l'espace ne s'est pas faite
sans produire des effets aussi du côté du temps : en l'occurrence,
le rapprochement de tous les points du globe et l'abolition des
distances a pour effet de rendre tous les points contemporains
les uns des autres puisque le temps qu'il faut pour les relier les uns
aux autres est pratiquement réduit à rien. La production d'un espace
où tout est proche est aussi bien la production d'un temps où tout est
au présent : on n'abolit pas les distances sans nier aussi le temps.
« Cette frénésie de proximité, écrit encore Heidegger, n'est rien
d'autre qu'une réduction des pertes de temps ; mais cette réduction
des pertes de temps est la fuite du temps devant lui-même », et cette
fuite du temps devant lui-même est « une des possibilités du temps

1. *Ibid.*, p. 330.
2. *Ibid.*

lui-même, laquelle est le présent »[1]. La frénésie de tout rendre proche suppose une accélération constante des vitesses dont l'effet est de produire à la fois un espace dans lequel plus rien n'est loin et un temps où tout est au présent. En d'autres termes il s'agit d'un mouvement frénétique qui n'aboutit qu'à faire du surplace : pour fuir le temps et le rapprocher toujours davantage d'un pur présent immobile, il faut s'agiter tout aussi constamment dans un espace au sein duquel il n'y a plus de distance. Agitation et frénésie d'un côté, immobilisme et permanence de l'autre : telles sont les caractéristiques majeures de notre réalité en tant qu'on ne s'y agite frénétiquement que pour la reconduire constamment à l'identique. Bouger toujours pour que rien ne change jamais : tel semble bien être le mot d'ordre. De sorte que courir sur un tapis roulant en allant dans le sens inverse de celui de son déroulement donnerait une idée relativement exacte de notre temporalité sociale actuelle.

Mais là où nous nous séparerons de Heidegger, c'est quand il note, au sujet de la « frénésie de proximité », que « sa raison d'être » en est « à chercher dans l'existant lui-même »[2], c'est-à-dire en nous. Sur ce point le recours à Marx s'impose pour prendre le relais de Heidegger car l'espace sans distance et le temps au présent sont des phénomènes socialement et historiquement produits, ils sont inséparables d'une forme de société et d'un type de rapports sociaux : on peut certes dire que cette formation sociale et ces rapports sociaux nous renvoient en dernière instance à nous-mêmes qui en sommes les acteurs, mais cela ne doit pas conduire à négliger le fait que ces rapports sociaux s'imposent aussi à nous, qu'ils nous dominent sous la forme d'une abstraction, et que cet aspect de rapports sociaux abstraits est une caractéristique essentielle de la formation sociale de type capitaliste.

---

1. *Ibid.*
2. *Ibid.* Notons que partout où les « traductions » maintiennent *Dasein*, nous corrigerons par « l'existant ». La non traductibilité du *Dasein* me paraît être un mythe, en grande partie destinée à maintenir et entretenir un autre mythe, celui de l'opacité voire de l'impénétrabilité par le tout venant de la pensée de Heidegger. *Das Dasein* se traduit très correctement en français par « l'existant ».

LA PRIVATION DE MONDE ET LA NÉGATION DE L'ÊTRE DANS LE MONDE

Il s'agira pour nous de montrer en quoi les différentes évolutions brièvement évoquées dans ce qui précède peuvent être comprises comme autant de négations de notre être dans le monde en tant que ce dernier implique d'autres modes de spatialisation et de temporalisation : notre être dans le monde implique en particulier que les régimes de spatialisation et de temporalisation ne soient pas vus comme des processus se déroulant objectivement à l'extérieur et indépendamment de nous. C'est notre propre être dans le monde qui est en et par lui-même spatialisant et temporalisant, mais de telle sorte cependant qu'il ne spatialise pas originairement sous la forme de l'espace géométrique, pas plus qu'il ne temporalise originairement sous la forme d'un temps homogène essentiellement ramené à la seule dimension du présent perpétuel. Il ne s'agit évidemment pas de disqualifier par exemple la dimension de l'espace et de jouer contre elle la dimension du temps ; il s'agit au contraire de voir qu'il y a, dans la formation sociale qui est la nôtre, une façon bien particulière de produire ou d'engendrer de l'espace et du temps, et de montrer que cela se fait à l'exclusion d'autres manières de spatialiser et de temporaliser qui sont des possibles inhérents à notre être dans le monde. Il s'agira par exemple de comprendre que c'est bien un dispositif social historiquement spécifique qui a pour effet de produire de la spatialité selon des processus consistant à unifier des espaces qualitativement différents en un seul espace homogène à l'intérieur duquel les distances entre les points de cet espace sont tendanciellement abolies ; de même, c'est un dispositif social historiquement déterminé qui a pour effet de temporaliser de telle manière que le temps ainsi produit consiste en la juxtaposition d'un présent qui est comme un unique « maintenant » indéfiniment dilaté, et d'un passé qui est comme une zone de stockage dans laquelle les maintenant viennent tomber et s'agglutiner les uns après les autres. Ce sont là des manières socialement spécifiques de spatialiser et de temporaliser relativement auxquelles il s'agit de se demander s'il existe en nous des ressources pouvant permettre que nous parvenions à nous en déprendre. Nous ferons ici l'hypothèse que des ressources de ce genre reposent au sein de cette structure de notre existence que nous appelons, après Heidegger, notre être dans le monde.

Mais, m'objecterez-vous certainement, comment peut-on aller puiser dans les ressources de notre être dans le monde, si nous diagnostiquons en même temps notre époque comme celle de la privation de monde ? Et comment trouvons-nous cette ressource de l'être dans le monde, sinon dans l'hypothèse métaphysique d'une sorte de structure de notre être qui serait anhistorique ou transhistorique, en tous cas extérieure à notre formation sociale. Pire encore : nous semblons faire ici l'hypothèse d'une structure qui serait restée miraculeusement indemne, alors même que le dispositif social de la privation de monde est décrit par nous comme ce qui en signifie la négation pure et simple... Encore plus inquiétant serait le fait que nous utilisions l'hypothèse d'une telle structure transhistorique, existentielle et métaphysique de l'être dans le monde comme une norme à partir de laquelle nous nous autorisons une critique de la formation sociale qui est la nôtre. Il serait insuffisant de tenter de se sortir de telles difficultés en prétendant que la privation de monde n'est jamais complète et qu'elle ne parvient pas à nier ou à occulter complètement la structure de l'être dans le monde, de sorte qu'il en resterait toujours quelque chose sur quoi on peut prendre appui. Ce serait insuffisant parce que cela nous maintiendrait dans l'idée d'une sorte de constante transhistorique de la « nature humaine » que les dispositifs sociaux actuels auraient laissée au moins partiellement intacte. On ne peut pas faire face aux difficultés soulevées si l'on maintient une extériorité réciproque entre la privation de monde et l'être dans le monde : ce dernier ne peut pas être compris comme une sorte d'instance normative extérieure à partir de laquelle on pourrait à la fois diagnostiquer et juger de façon critique les dispositifs qui produisent et engendrent la privation de monde.

Au contraire, il faut poser que la privation de monde n'est en elle-même pas autre chose que la forme même prise par notre être dans le monde : nous sommes actuellement dans le monde selon la modalité de la privation de monde. De sorte qu'il s'agit de comprendre la privation de monde comme n'étant pas autre chose que notre être dans le monde selon une modalité historique et sociale particulière. Notre être dans le monde, c'est justement notre privation de monde : aucune ressource ne pourra donc être trouvée ailleurs que dans cette forme-là de l'être dans le monde, parce que c'est la seule que nous puissions connaître et dont nous ayons l'expérience. On peut donc comprendre la privation de monde comme étant un « cas », c'est-à-dire comme une forme particulière prise par une structure générale (l'être dans le monde), *mais* à la condition de comprendre aussi qu'il s'agit là d'une structure générale qu'il nous est impossible de connaître autrement que dans la forme particulière et déterminée qu'elle prend historiquement. C'est le fait même de reconnaître la privation de monde comme une forme déterminée de l'être dans le monde qui nous permet d'envisager d'autres manières d'être dans le monde comme étant possibles. La privation de monde ne peut avoir d'effets négatifs, mutilants ou aliénants que sur un être pour lequel l'être dans le monde est essentiel : mais l'être dans le monde ne relève pas d'une essentialité extra-temporelle et anhistorique, il ne peut être compris comme essentiel qu'à partir et qu'en fonction de la forme historique précise qui est la sienne dans une formation sociale donnée, et plus encore quand cette formation sociale tend à nous priver de la dimension du monde. Il n'en ira donc pas autrement pour nous que pour Heidegger quand il note que « le monde, tel qu'il est donné et expérimenté de prime abord, se trouve d'une certaine façon congédié »[1]. On pourrait là aussi demander à Heidegger comment il peut entreprendre de mettre au jour le monde dans sa mondanéité dès lors qu'il considère lui-même que, de prime abord, le monde est congédié au point de devoir inévitablement être raté. Sa réponse serait la même que la nôtre, à moins que ce ne soit l'inverse : le monde ne peut justement être mis au jour comme tel qu'à partir des manières dont il est congédié, qu'à partir des dispositifs qui ont pour effet de lui signifier son congé.

---

1. M. Heidegger, *Prolégomènes à l'histoire du concept de temps*, trad. fr. A. Boutot, Paris, Gallimard, 2006, p. 283.

UNE FIGURE DE L'ÊTRE SANS MONDE

Ce qu'est la privation de monde, ce qu'elle signifie de tourments pour l'individu, mais aussi la forme de bénéfice qu'elle lui procure et qui fait qu'il cherche à maintenir cet état de perte, sans doute cela a-t-il rarement été mieux montré que dans le film de Gus van Sant, *Paranoid Park* (USA, 2007). Alex, adolescent de 16 ans s'adonnant à la pratique du skate et personnage central du film, est montré comme un individu étranger au monde, privé de monde, coupé du monde : la coupure, figure omniprésente du film – depuis l'affiche même du film qui présente une photo découpée, en passant par le gardien coupé en deux par un train après la chute accidentelle provoquée par Alex, jusqu'aux coupures que sont le divorce des parents d'Alex et sa propre séparation d'avec sa copine – est d'abord la coupure entre Alex et le monde, sa privation de tout contact avec un monde réel[1]. Le fait qu'Alex soit un adolescent enfermé dans la non communication n'est que la conséquence de sa séparation d'avec le monde et des efforts qu'il fait pour préserver cette séparation, pour continuer à mener, malgré l'accident tragique qu'il a involontairement provoqué, son existence coupée du monde. Il la préserve en renonçant à parler à son père quand il lui téléphone après l'accident, en mentant à sa mère au sujet de cet appel passé en pleine nuit, et surtout en brûlant finalement le manuscrit de son récit de l'accident, au lieu de le donner à lire à l'amie qui lui a proposé de l'écrire et de le lui faire lire : autant de moments où Alex s'abstient volontairement de nouer des liens qui signifieraient un commencement de contact avec le monde. Certes, Alex a bien un « monde », celui du skate (encore qu'il dise plusieurs fois lui-même qu'il n'est pas doué pour le skate), mais ce monde n'en est pas vraiment un : c'est le monde sans aspérité, sans angle et tout en courbes du parc à skate (le bien nommé « *paranoid park* »). Mais ce « monde » n'est pas le monde réel, ce n'est pas le monde dans lequel il se produit des événements, des accidents (tel l'accident du gardien) susceptibles

---

1. Cela a peut-être orienté jusqu'au choix du prénom du personnage central : « Alex », où tous les spectateurs, quelle que soit leur langue, peuvent aisément reconnaître le « *ex* » latin signifiant « en dehors ».

d'avoir des conséquences réelles telles qu'une enquête de police, un jugement, une peine, etc.

Mais ce qui, dans le film, témoigne d'abord visuellement et donc cinématographiquement de l'absence, chez Alex, de tous rapports réels à un monde réel, c'est son mode de déplacement : le skate et tous les moyens qui permettent de rouler ou de glisser à la surface des choses. Mises à part les scènes du lycée (qui constitue, comme on dit, un « monde à part » en ce qu'il n'est pas encore le vrai monde), on ne voit jamais Alex marcher, il ne sait que *rouler*, *glisser*, *surfer*. Entre lui et le monde réel, il y a toujours la médiation des roues ou de quoi que ce soit d'autre qui permette de n'avoir qu'un contact indirect avec le monde réel, qui permette de glisser sur lui, sans jamais réellement le fouler. Il roule à skate, certes, mais pas seulement : il conduit la voiture de sa mère lors de la tragique virée nocturne qui se finit par l'accident du gardien, il roule en train au moment de ce même accident, il roule vers le *skatepark* dans la voiture de son copain Jared, et enfin – redoublement du roulement et absence complète d'effort : il roule en skate en se faisant tirer par le vélo de sa copine. Alex ne fait que rouler sur la surface des choses, et il se maintient ainsi constamment dans une position de simple spectateur, même lors de son dépucelage où – si je puis dire – il ne pénètre pas davantage la réalité des choses. Il peut bien dire qu'il a « le sentiment qu'il y a quelque chose de beaucoup plus grand que les petits événements de nos vies, qu'il y a plusieurs strates », mais encore faudrait-il, pour que cette déclaration puisse être prise au sérieux, qu'il fasse davantage que seulement rouler à la surface des choses – ce qui lui permettrait de comprendre que l'accident mortel qu'il a provoqué n'est justement pas un « petit événement ».

Au cœur du film de Gus van Sant se trouve donc l'image du roulement, de la glisse, ou du *surf*, c'est-à-dire de cela même dont Zygmunt Bauman a dit à juste titre que cela constituait la métaphore qui exprime le mieux notre rapport contemporain à la réalité sociale [1], et j'ajouterais : à notre réalité sociale en tant qu'elle n'est justement pas un *monde*. Si un monde est quelque chose en quoi on s'insère, le surf dit justement et au contraire le refus de s'insérer, le

---

1. Z. Bauman, *La société assiégée*, trad. fr. C. Rosson, Paris, Hachette, 2007, p. 213-214.

choix de rester à la surface des choses et de ne surtout y pénétrer d'aucune manière : surtout pas d'insertion dans l'élément, tout juste un contact, et encore, le plus superficiel possible.

COMMENT ON « SURFE » LE MONDE

Le surf ou la glisse paraît bien être en effet le type même d'attitude et la manière d'être que notre réalité sociale privilégie et qu'elle nous incite à adopter dans tous les secteurs de la vie : c'est vrai de nos relations aux autres où les liens solides, stables et durables sont de plus en plus rares et sont socialement dévalorisés au profit de rencontres passagères aussi rapidement interrompues qu'elles se sont nouées. C'est vrai aussi de notre vie de consommateurs, si l'on peut dire, dans la mesure où les produits sont de plus en plus abandonnés et mis au rebus le plus souvent avant même d'avoir été véritablement consommés et usés, simplement parce que l'intérêt de les posséder s'estompe aussitôt que paraît sur le marché la nouvelle génération du même produit, qui n'est pas plus utile que la précédente, mais qui excite à nouveau le désir du simple fait de sa nouveauté. Et c'est ainsi que l'on ne consomme plus véritablement, du moins si consommer veut dire utiliser une chose, en faire usage jusqu'à ce qu'elle soit usée et qu'il faille la remplacer. La consommation, comme utilisation et usage réels d'une chose, renvoie aux qualités matérielles intrinsèques de la chose, qualités matérielles en vertu desquelles cette chose est justement propre à tel usage et pas à un autre. Comme Marx l'expliquait dès les premières pages du *Capital*, la consommation et l'usage d'une chose sont la réalisation de la « valeur d'usage » de cette chose, et cette valeur d'usage est inséparable de la constitution, de la conformation matérielle de la chose, c'est-à-dire de son « corps » : « le caractère utile d'une chose (…) n'est pas suspendu dans les airs, il est conditionné par les propriétés de la marchandise en tant que corps et n'existe pas sans ce corps »[1]. Et le caractère utile de la chose suppose, afin de se réaliser pour nous dans son usage et sa consommation, que nous nous

·1. K. Marx, *Le Capital*, Livre 1, trad. fr. J.-P. Lefebvre, Paris, P.U.F., 1993, p. 40.

saisissions tout à fait réellement de la chose dans sa matérialité et dans sa corporéité : l'usage et la consommation sont de notre part une prise de la chose par laquelle nous atteignons celle-ci dans sa réalité matérielle et corporelle.

Or telle n'est pas la manière dont nous consommons et utilisons la plupart des produits aujourd'hui : l'usage que nous faisons d'eux est très souvent largement indépendant de leurs qualités matérielles et corporelles, nous en faisons un usage qui ne mord pas dans la matière et le corps de la chose, nous nous tenons à la surface de la chose en tant que cette surface est le seul aspect de la chose qui présente un intérêt comme support de projections et de désirs. Et c'est pourquoi nous surfons sur les marchandises d'aujourd'hui, bien plus que nous ne les utilisons et les consommons réellement. Et si nous surfons ainsi d'une marchandise à l'autre, c'est parce que, dans le type d'usage que nous faisons de chacune d'elles, nous n'atteignons plus la marchandise dans la profondeur de ses qualités matérielles et corporelles : pour nous, la marchandise se réduit à sa simple surface de glisse, à la fois comme surface de projections de désirs et comme support pour accéder à des services immatériels. Pour Marx les marchandises n'étaient immatérielles que comme choses porteuses de valeur, mais elles restaient bel et bien matérielles en tant que choses utiles, en tant que valeurs pour un usage qui renvoyait à des qualités inséparables de la profondeur matérielle de la chose : aujourd'hui les marchandises tendent à être immatérielles y compris en tant que valeurs d'usage et comme choses utiles. Leur matérialité devient superficielle, réduite à la fine couche externe d'une pure surface – par exemple celle d'un écran, évidemment tactile, qui ne tardera d'ailleurs pas à être lui-même dématérialisé – dont « l'usage » s'apparente de plus en plus pour nous au simple fait de s'y laisser glisser.

Ce changement n'est évidemment pas sans lien avec le fait que l'épreuve du besoin n'est plus l'expérience première qui nous mette en rapport avec les objets : ce qui nous rapporte et nous renvoie aux objets, ce ne sont plus nos besoins, mais ce ne sont pas davantage non plus nos désirs, c'est maintenant d'abord quelque chose qu'il conviendrait sans doute d'appeler nos *envies*. Z. Bauman a fort bien vu ce qu'avait déjà impliqué le passage des besoins aux désirs [1] tel qu'il a commencé à s'effectuer au début du xxᵉ siècle jusqu'à sa période triomphante des « 30 glorieuses » (c'est-à-dire durant ce qu'on peut appeler la modernité classique), à commencer par le fait que l'objet du désir n'est pas, contrairement à l'objet du besoin, quelque chose qui nous renvoie hors de nous à une réalité extérieure à nous, existant objectivement comme telle : l'objet du désir – Hegel l'avait compris [2] – c'est d'abord le désir lui-même, ou bien, ce que désire le désir dans l'objet du désir, ça n'est rien d'autre que désirer encore. La manière qu'a eue la production capitaliste – dont Marx avait clairement vu qu'elle ne visait aucunement la satisfaction des besoins (mais l'accroissement de la valeur) – de se délivrer de l'emprise et du carcan des besoins, dont le grand tort est qu'ils peuvent être satisfaits et qu'ils sont donc de nature finie, et la façon qui a été la sienne de substituer le désir au besoin comme ressort infini, inépuisable et insatiable de la consommation, tout cela devrait avoir suffisamment montré à quel point le désir n'a en lui-même rien de libérateur : il s'est au contraire avéré être le très sûr vecteur du productivisme et de l'asservissement consumériste. Autant le besoin ne se satisfait qu'en s'incorporant la matérialité de l'objet du besoin, autant le désir, en perpétuelle quête de lui-même, passe, surfe et zappe d'un objet du désir à l'autre sans en pénétrer aucun, sans jamais aller plus loin que la surface de chacun d'eux sur

---

1. Z. Bauman, *La société assiégée*, *op. cit.*, p. 256.

2. Hegel, *Phénoménologie de l'esprit*, trad. fr. B. Bourgeois, Paris, Vrin, 2006, p. 197 et 207. Pour Hegel, la consommation de l'objet qui satisfait le besoin apparaît comme supérieure au désir, dans la mesure où la consommation réussit là où le désir échoue : la consommation supprime réellement l'objet alors que le désir laisse l'objet subsister extérieurement, dans la mesure où il ne peut exister comme désir qu'à la condition que l'objet du désir subsiste également. La consommation, en revanche, s'accomplit et se réalise comme consommation dans et par la suppression de l'objet. Le capitalisme inverse cette hiérarchie et, pour lui, le désir est supérieur à la consommation dans la mesure même où il est dans l'essence du désir que sa satisfaction soit indéfiniment repoussée et retardée. Mais la logique régressive (au sens où les psychologues et psychanalystes parlent de « régression ») du capitalisme ne pouvait s'en tenir là et il lui fallait encore substituer l'envie au désir. Une contradiction spécifiquement capitaliste apparaît ici : c'est un système qui se perpétue en même temps de la destruction incessante des objets (qui permet leur renouvellement permanent) et de l'entretien permanent du désir, c'est-à-dire de ce qui s'oppose à la destruction de l'objet du désir.

laquelle le désir jouit un bref moment de son propre reflet, mais d'un reflet qui ne peut le satisfaire puisqu'il est fini, et qui contraint donc le désir à passer rapidement au prochain objet d'investissement, et ainsi de suite à l'infini. Autant le besoin est solide, massif, matériel et fini, autant le désir est fluide, instable, immatériel et infini : d'où son intérêt pour une production de type capitaliste, laquelle se devait de fuir le besoin comme ce qui risquait de la limiter, et d'investir le désir comme ce qui l'assurait d'être perpétuellement et indéfiniment relancée.

Mais le désir possédait pourtant encore une limite qu'il fallait franchir : c'est que produire et entretenir en permanence du désir, c'est à la fois coûteux, risqué et aléatoire. Et cela prend encore trop de temps : faire naître et susciter le désir du consommateur, et une fois qu'on l'a suscité, l'entretenir et le prolonger, tout cela est long et coûteux, très exigeant en capitaux à investir et finalement très risqué puisque la profitabilité n'est jamais garantie. Il fallait donc mettre la main sur quelque chose qui présentât à la fois les mêmes avantages que le désir relativement au besoin, à savoir la souplesse et l'illimitation, mais aussi davantage de garanties et moins de risques, et qui permette d'accélérer encore le cycle A-M-A', où A'>A[1].

C'est pourquoi la production capitaliste, à l'ère de sa modernité tardive, a trouvé qu'il est bien plus avantageux de fonctionner à « l'envie » plutôt qu'au « désir ». S'inspirant des travaux de Harvie Ferguson, Z. Bauman estime pour sa part qu'on serait passé du désir au « souhait »[2], mais le concept d'envie me paraît exprimer ce dont il s'agit bien mieux que celui de souhait : à savoir le passage, dans notre rapport aux objets de consommation, à quelque chose de toujours aussi mobile et inépuisable que le désir, mais de beaucoup moins cher à produire, et de plus rapide et plus immatériel encore.

---

1. Argent->Marchandise->Argent *prime* est selon Marx « la formule générale du capital tel qu'il apparaît immédiatement dans la sphère de la circulation » (par différence d'avec le point de vue de la sphère de la production), où la médiation par la Marchandise permet d'accroître l'Argent : ce cycle spécifiquement capitaliste s'oppose au cycle Marchandise-Argent-Marchandise (où l'Argent médiatise la vente d'une Marchandise en vue de l'acquisition d'une autre Marchandise) typique d'un marché non ou précapitaliste (*cf.* K. Marx, *Le Capital*, Livre 1, chap. IV, *op. cit.*, p. 164-175).

2. Z. Bauman, *La société assiégée*, *op. cit.*, p. 257.

A titre d'exemple, on peut dire que l'objet de consommation typique de l'ère du désir a été l'automobile des années 50 jusqu'aux années 80, tandis que les objets les plus typiques de l'ère de l'envie seraient les gadgets électroniques des années 90 à aujourd'hui : les voitures étaient des objets pour lesquels les constructeurs dépensaient des sommes colossales non pas seulement pour les produire, mais d'abord pour en faire les objets de nos désirs – ce qui est long, fastidieux et surtout incertain. Car il en faut des capitaux et du temps pour réussir à rendre désirable une voiture en forme de boîte appelée « monospace », ou pour rendre désirable un véhicule aussi parfaitement inadapté qu'un 4X4 aux conditions urbaines de la circulation[1].

Par comparaison, il est beaucoup plus aisé, beaucoup moins coûteux et nettement moins risqué d'engager des capitaux en vue de déclencher l'envie d'un « Smartphone » de dernière génération ou d'une tablette en verre se présentant comme un écran d'ordinateur détaché de son clavier ; et c'est encore plus profitable si l'on y ajoute l'envie pour des « applications » auxquelles l'objet électronique permet d'accéder, c'est-à-dire pour des services qui sont aisés, rapides et peu coûteux à produire. Le « gain » se mesure aisément au temps de vie des objets : des objets de désir comme les automobiles avaient une durée de vie d'encore une dizaine d'années à la fin des années 90 et, une fois raccourci au maximum le temps consacré à la phase de la conception et des essais, il a fallu trouver des strata-gèmes, y compris législatifs et fiscaux, pour raccourcir cette durée de vie bien trop longue et pour faire en sorte que les consommateurs aient beaucoup plus vite « le désir » d'une nouvelle automobile. Par comparaison, les objets de l'envie ont une durée de vie infiniment plus brève que les objets du désir : c'est que le passage ou, plutôt, le saut d'une envie à une autre prend nettement moins de temps qu'il n'en faut au désinvestissement du désir et à son investissement sur

---

1. S'agissant du désir portant à l'acquisition d'un 4X4, Z. Bauman fait, après Stephen Graham, l'hypothèse intéressante qu'il s'agirait d'un désir de sécurité et de protection dû à la peur d'être agressé et volé qu'éprouvent les couches aisées de la population lors de leurs déplacements urbains : on se rassure et on se protège avec un 4X4 comme on se rassurerait en portant une arme (*cf.* Z. Bauman, *Le présent liquide. Peurs sociales et obsession sécuritaire*, trad. fr. L. Bury, Paris, Le Seuil, 2007, p. 22).

un nouvel objet. A quoi s'ajoute que, du fait même de la lenteur du désinvestissement, il subsiste longtemps un souvenir et parfois même une nostalgie de l'ancien objet du désir. Rien de tout cela avec l'objet de l'envie : l'envie est fondamentalement amnésique et l'objet qui ne fait plus envie est un objet aussitôt et définitivement oublié, mis au rencart.

Toute consommation est assurément une destruction, mais on voit que, dans la consommation de l'objet d'usage, ou de la chose utile répondant à un besoin, la destruction peut être très lente, et qu'elle peut même être indéfiniment retardée pour peu qu'on prenne soin de l'objet ou que la chose fasse l'objet d'un entretien constant et régulier. Dans le cadre d'une économie dont la production est par principe sans rapport avec les besoins, c'est ce délai entre la consommation et la destruction qu'il devenait vital de raccourcir : il ne fallait surtout plus que l'on retarde la destruction, mais qu'on l'accélère. Le passage du besoin au désir permettait déjà une telle accélération dans la mesure où le désinvestissement du désir hors d'un objet est un processus qui prend beaucoup moins de temps que la destruction de l'objet par usure. Mais ce n'était pas suffisant et il fallait encore accélérer le processus : la trouvaille, c'est de faire en sorte que la destruction précède toute consommation, que l'objet soit sinon effectivement détruit du moins apparaisse *comme* détruit bien avant qu'il ait été véritablement consommé. C'est ce qu'a permis le passage du désir à l'envie : l'objet de l'envie peut être délaissé et mis au rencart avant même d'avoir été réellement consommé, et bien avant d'avoir été usé. Les poubelles de nos envies sont pleines d'objets en parfait état de marche.

Les modifications opérées du côté de l'objet, quand on passe de l'objet du besoin à l'objet du désir puis à l'objet de l'envie, sont évidemment inséparables de modifications que se produisent concomitamment du côté du sujet. Le sujet du besoin est un sujet incarné, dont la réalité est d'abord corporelle et vivante, et surtout, ainsi que Marx l'a si clairement analysé dans des *Manuscrits de 1844*, le sujet du besoin est un sujet d'abord passif : c'est un sujet qui fait originairement l'épreuve passive du manque et par là de sa dépendance essentielle et vitale à l'égard d'objets qui existent extérieurement à et indépendamment de lui[1]. Au contraire, le sujet de l'envie est à la fois un sujet de la jouissance et un sujet de la performance[2]. Il est donc nécessaire que nous allions voir ce qui se passe du côté du sujet, et cela afin de déterminer en quoi consiste sur ce versant là la privation de monde.

DU CÔTÉ DU SUJET

Parvenu à ce point, il faut lever une ambiguïté. Car que comprend-on en effet de prime abord par l'idée de perte ou de privation de monde? Je crois qu'on se représente d'abord un *sujet* qui est privé d'une *relation* ou d'un lien avec un monde qu'il puisse considérer comme le sien. Si bien qu'on cherche à restaurer la relation et qu'on se tourne vers le monde en se demandant ce qu'il faudrait y faire, comment il faudrait le transformer pour que les sujets puissent s'y reconnaître à nouveau comme dans leur monde, comme dans un monde qui est bien le leur. Autrement dit, on ne s'intéresse pas au sujet, on le laisse subsister comme quelque chose de déjà là et de toujours là : il est vu et compris comme le support toujours déjà là d'une relation au monde qui, elle, se transforme ; par exemple, ce sujet a eu un monde à lui, il ne l'a plus, et on se demande comment et quoi faire pour qu'il retrouve un monde bien à lui. Et comme, par hypothèse, le sujet est toujours déjà là, naturellement on finit toujours par le nommer : on l'appelle comme on veut, le « Prolétariat »[3] hier, la « Multitude » aujourd'hui, mais ce sujet en charge d'abroger le caractère étranger du monde et de reconfigurer

---

1. K. Marx, *Manuscrits économico-philosophiques de 1844*, trad. fr. F. Fischbach, Paris, Vrin, 2007, p. 166.

2. *Cf.* P. Dardot, Ch. Laval, *La nouvelle raison du monde. Essai sur la société néolibérale*, Paris, La Découverte, 2009, p. 433-437.

3. Cette mention du prolétariat vaut aussitôt comme une allusion à Marx ; pourtant, chez Marx, les choses sont plus compliquées que chez nombre de marxistes : en 1843 Marx trouve le prolétariat comme un sujet déjà là, mais en en 1846, dans *L'idéologie allemande*, il parvient à l'idée que le sujet révolutionnaire ne peut simplement être trouvé là, et qu'il doit commencer par se produire lui-même.

le monde pour en faire un monde bien à lui, ce sujet est déjà là, il suffit de le reconnaître et de l'identifier.

Au contraire, quand nous parlons ici d'une situation de privation de monde, nous ne partons pas d'un sujet qui aurait été privé de monde, et qui continuerait néanmoins à mener son existence de sujet, mais désormais sans monde ou en dehors du monde, de sorte que ce qu'il faudrait viser, ce serait d'abord à reconnecter ce sujet avec le monde pour qu'ensuite il le transforme de manière à en faire un monde qu'il puisse considérer comme étant le sien. Ainsi, quand on veut réaliser le sujet dans le monde, ou quand on veut transformer le monde pour que le sujet y soit chez lui, on a d'emblée accepté et entériné l'idée que le sujet est pensable comme sujet indépendamment du monde, que le sujet et le monde sont deux entités pensables séparément et qu'il s'agirait simplement de les reconnecter l'une à l'autre. C'est pourquoi je prétends que le sujet est en réalité *fait pour* être pensé séparément du monde ; donc que la séparation du sujet à l'égard du monde n'est pas un état pathologique du sujet dont il faudrait le sortir et le guérir, que l'absence de monde n'est pas un accident qui arriverait malencontreusement au sujet, mais que c'est son état normal. Dès qu'on convoque le concept de sujet, l'absence de monde et la privation de monde viennent avec. Il est ainsi impossible de vouloir supprimer ou surmonter l'état de privation de monde à l'aide de la catégorie de sujet parce que celle-ci implique en elle-même une telle privation. Et je prétends donc que si l'on veut comprendre la séparation d'avec le monde et la privation de monde comme des situations effectivement pathologiques, il faut justement cesser de penser à partir du sujet.

C'est pourquoi, quant à nous, nous partons de l'idée qu'il n'y a pas de sujet qui soit d'abord ou originairement auprès de soi, transparent à soi, immédiatement identique à soi. Ce qui est premier, c'est au contraire plutôt ce que Heidegger a appelé « l'être-dans-le-monde », par où il faut comprendre une situation d'insertion, d'immersion dans ce qui n'est pas soi, un état d'éloignement à l'égard de soi, un être loin et hors de soi, et même un être dispersé. Celui que Heidegger a décidé de ne plus appeler un sujet justement pour surmonter l'ambiguïté dont on est en train de parler, et qu'il a choisi d'appeler « l'existant » (*das Dasein*), l'existant donc est un être qui n'a pas d'identité originaire, qui n'est pas toujours déjà auprès de lui-même et identique à lui-même comme l'est le sujet : au contraire, l'existant est justement celui qui ex-siste[1], c'est-à-dire celui qui est toujours d'abord hors de lui-même, non identique à lui-même, au delà et en dehors de lui-même, à l'écart de soi. En lieu et place du modèle de la proximité (à soi) qui prévaut dans la pensée du sujet, on a ici un modèle de la dispersion, de l'extension, de l'étirement : le mode d'être original et originaire de l'existant est celui de l'étirement, ce qui conduit directement à dire que l'existence de l'existant est foncièrement temporelle[2] et historique puisque le temps et l'histoire ne sont rien d'autre que la forme même de cet étirement.

Quant au rapport entre ce que Heidegger appelle l'existence impropre et l'existence propre, nous y reviendrons, mais on peut déjà dire qu'il ne consiste en aucun cas à restaurer un quelconque sujet identique à soi et proche de soi en surmontant son état initial d'être hors de soi, loin de soi, séparé de soi : en réalité, l'état d'étirement et d'être hors ou loin de soi ne peut être surmonté, sauf à supprimer l'existant. La seule chose qu'on puisse faire, c'est passer d'une dispersion indéfinie, qui nous jette constamment d'une chose à une autre, à une dispersion dont on connaisse et assume les bornes, à un étirement dont on reconnaisse qu'il est fini au sens où il est délimité, au sens où cet étirement se fait pour chacun d'entre nous entre deux bornes indépassables qui sont celles d'un début et d'une fin, à savoir la naissance et la mort.

Dans ces conditions, que signifie ce que nous appelons une perte du monde ou une privation de monde ? Être privé de monde signifie alors être privé de cet étirement, de cet éloignement de soi, de cet être-au-loin qui est le mode d'être de l'existant. Or être privé de l'éloignement à soi, c'est être auprès de soi, voire même c'est être identique à soi : bref, c'est être un sujet. Autrement dit : la privation

---

1. Du latin *exsistere*, dont le premier sens est « sortir de ».

2. Il faut avouer que ce rapport est plus immédiatement visible en allemand puisque *die Zeit* (le temps) possède la même racine que le préfixe *zer-* dont le sens est celui d'un étirement, voire d'un déchirement.

de monde est constitutive du sujet. Et c'est justement en privant l'existant de son être-dans-le-monde qu'on obtient le sujet.

Mais, me demanderez-vous, qu'est-ce que tout cela peut bien avoir à faire avec la situation qui est la nôtre dans le monde contemporain? Ceci: on pense souvent que les mécanismes aliénants mis en œuvre dans et par nos sociétés actuelles sont aliénants précisément en ce qu'ils mettent en cause ou en danger la subjectivité des sujets. C'est par exemple ainsi qu'Axel Honneth justifie sa reprise du concept de réification, notamment quand il parle de la réification de soi: par là il désigne l'effet produit par les conduites que les sujets sont incités à adopter par rapport à eux-mêmes, notamment dans un univers de travail entièrement fondé sur l'évaluation permanente de la performance. Cette évaluation de soi suppose d'adopter sur soi un point de vue objectivant qui est peu ou prou le même que celui qu'on adopte pour évaluer les performances d'une machine: la conséquence en est que la « reconnaissance de soi », c'est-à-dire l'immédiate proximité à soi en quoi consiste la subjectivité, serait perdue ou risquerait d'être perdue[1]. Par opposition, mon hypothèse est que les mécanismes aujourd'hui les plus directement et efficacement aliénants, loin de mettre en danger la subjectivité des sujets, sont au contraire des mécanismes qui la renforcent et la développent dans des proportions inattendues, exceptionnelles et inédites.

Notre problème aujourd'hui n'est pas que le sujet soit né, mais qu'au contraire il soit amené à devoir s'affirmer dans des proportions extravagantes. Telle a certainement été la réaction du « système » aux critiques de l'aliénation et de la réification menées dans les années 60 et qui consistaient essentiellement à dire que les dispositifs de l'exploitation capitaliste et de la consommation de masse avaient pour effet de traiter les sujets comme des choses, et donc de les nier en tant que sujets: à ces critiques, le système a réagi par un retour en force de la subjectivité, non seulement idéologiquement (d'où les multiples « retours au sujet » des années 80, notamment dans le domaine de la philosophie politique), mais aussi et même d'abord dans le fonctionnement social lui-même. « Ils

---

1. A. Honneth, *Verdinglichung. Eine anerkennungstheoretische Studie*, Frankfurt a. M., Suhrkamp, 2005, p. 78-93.

veulent du sujet? Eh bien, ils vont en avoir!». Et on en a eu, en effet, jusqu'à l'overdose que peut provoquer l'étalage permanent dans les médias d'une subjectivité larmoyante et définitivement centrée sur elle-même, sur son «vécu», sur ses grandes «émotions» comme sur ses petites «envies».

Mais s'il ne s'agissait que de cela, ce ne serait encore pas trop grave. Autrement plus dévastatrices auront été les différentes formes prises ces vingt dernières années par l'autopromotion obligatoire et contrainte de la subjectivité des sujets dans le milieu de travail, du fait de l'imposition des nouvelles techniques de contrôle, de pouvoir et de gouvernement (des autres et de soi) induites par les procédures omniprésentes de l'évaluation et de l'autoévaluation. Loin d'entraîner une perte de subjectivité, voire une négation de la subjectivité (ce qui resterait analysable dans les termes traditionnels de la critique de la «réification»), ces procédures ont au contraire produit ce que les auteurs de *La nouvelle raison du monde* ont très justement proposé d'appeler une «*ultra*subjectivation»[1]. Alors que les systèmes bureaucratiques fortement hiérarchiques des années 60 et la consommation de masse de ces mêmes années tendaient à nier l'individualité, la singularité et donc aussi la subjectivité des sujets, au contraire les procédures de contrôle et les techniques de gouvernement qui se sont progressivement imposées depuis les années 80 ont eu pour particularité de promouvoir la singularité de chaque sujet : le Soi du sujet et de *chaque* sujet n'a jamais autant été promu, voire «reconnu», de sorte que ce Soi est conduit à devoir se maximiser lui-même en permanence à la fois en produisant et en consommant toujours davantage.

On pourrait certes dire que ces deux impératifs – produire et consommer toujours plus – ne sont pas nouveaux et qu'ils sont à peu près aussi vieux que le capitalisme lui-même. Mais ce serait risquer de ne pas voir la nouveauté et la spécificité du dispositif actuel : produire et consommer ne sont plus des tâches que le sujet aurait à accomplir ou des conduites qu'il aurait à tenir dans l'extériorité du monde social, en quelque sorte en dehors de lui-même et sous le

---

1. P. Dardot, Ch. Laval, *La nouvelle raison du monde. Essai sur la société néolibérale*, *op. cit.*

regard des autres, donc aussi sous le contrôle d'autrui. Ce sont désormais des tâches complètement intériorisées par les sujets, ce sont des attributs devenus inséparables de la subjectivité même du sujet : production et consommation sont des processus désormais parfaitement immanents au sujet lui-même, de sorte qu'ils sont également directement contrôlables par le sujet. Et cela a été obtenu de la façon suivante : « produire plus » a été intériorisé subjectivement sous la forme de l'impératif de la maximisation de la *performance* du sujet, et « consommer plus » a été intériorisé sous la forme de l'impératif de la maximisation de la *jouissance*. Et qui mieux que le sujet lui-même peut évaluer et contrôler le degré de sa performance et de sa propre jouissance ?

D'où la généralisation d'un régime permanent de l'auto-surveillance et de l'autoinspection : bien mieux, c'est-à-dire à la fois plus efficace et moins coûteuse que la surveillance généralisée imaginée par Orwell, il y a l'autosurveillance qui confie à chacun le soin de s'autocontrôler et de s'autoévaluer. Alors que dans des étapes antérieures de l'histoire du capitalisme, la production et la consommation apparaissaient comme deux cycles différents dont l'accord était loin d'aller de soi (ne serait-ce que parce que, encore dans les années 60, le consumérisme hédoniste contredisait l'*ethos* ascétique du travail et de l'épargne), ce sont désormais au contraire deux cycles inséparables l'un de l'autre, voire purement et simplement identifiés l'un à l'autre : dans l'intériorité du sujet, la maximisation de son degré de performance (production) devient insépara-ble de la maximisation de sa jouissance (consommation)[1]. « Le plaisir, intensément »[2] : dans ce commandement, qui sert de slogan à une chaine de restaurants en France, et dont le contenu n'est autre que l'impératif de la maximisation des performances subjectives, se formule un impératif catégorique paradoxal puisqu'il commande de

---

1. P. Dardot, Ch. Laval, *La nouvelle raison du monde. Essai sur la société néolibérale*, *op. cit.*, p. 433 *sq.*

2. Tel est le slogan commercial d'une chaine de restaurants dont il n'est pas indifférent de constater que sa clientèle est majoritairement constituée le midi d'employés de bureau et, le soir, de familles des classes moyennes inférieures : cet impératif de jouir intensément vient leur rappeler l'obligation de performance dans leurs moments de pause ou de détente où il ne faudrait pas qu'ils s'imaginent en être libérés.

jouir, c'est-à-dire ce que les psychologues nomment une injonction paradoxale[1].

On a là tout sauf une négation du sujet : il s'agit au contraire d'une intensification inédite de la vie subjective. La figure actuelle du sujet ou du « néo-sujet »[2] n'est absolument pas celle d'un sujet nié comme tel et dans sa subjectivité, ni celle d'un sujet réifié, réduit à l'état de chose (*res*) : au contraire, et inversement, elle est celle d'un hypersujet ou d'un ultrasujet. Loin que nous ayons affaire à des stratégies qui nieraient le sujet, le ramèneraient et le réduiraient à ce qui n'est pas lui, au contraire, les dispositifs à l'œuvre aujourd'hui sont des dispositifs qui maximisent le sujet, qui l'incitent constamment à développer et à affirmer sa subjectivité : chacun sait maintenant qu'une entreprise est d'autant plus « performante » qu'elle laisse la plus grande marge possible d'autonomie à ses « collaborateurs » et qu'elle leur permet de mettre en avant leur subjectivité propre. Et sous la forme du sujet-par-projet, on voit être promue une subjectivité plus flottante et mouvante que jamais : c'est une subjectivité qui doit se détacher radicalement de chaque projet dans lequel elle se sera pourtant intensément investie pour pouvoir s'élancer toujours à nouveau vers d'autres projets. De sorte que ce qui reste de la subjectivité, c'est ce que Schelling considérait comme son essence même, à savoir une infinie capacité de détachement et de « retrait » grâce à laquelle elle ne se laisse jamais engluer en aucun contenu substantiel et objectif[3]. L'idée hégélienne selon laquelle la subjectivité est pure inquiétude, c'est-à-dire absence complète de repos, n'a jamais été aussi vraie : rien n'est pire en effet pour l'hypersujet contemporain que le repos ; c'est pourquoi il ne s'arrête jamais nulle part et ne fait toujours que passer ; il est « ce sujet qui traverse de part en part toutes choses et ne demeure en

---

1. Voir sur ce point, et sur ce qu'il appelle « la compulsion surmoïque » à la jouissance, les remarques de Slavoj Zizek, *La subjectivité à venir. Essais sur la voix obscène*, trad. fr. F. Théron, Paris, Climats, 2004, p. 34-35.

2. Selon l'expression de P. Dardot et P. Laval, *La nouvelle raison du monde. Essai sur la société néolibérale*, *op. cit.*

3. F.W.J. Schelling, *Leçons d'Erlangen. De la nature de la philosophie comme science* (1821), dans F.W.J. Schelling, *Œuvres métaphysiques*, trad. fr. J.-F. Courtine, E. Martineau, Paris, Gallimard, 1980, p. 261 *sq.*

aucune »[1], ce sujet « incoercible et insaisissable » qui est « pris dans un mouvement irrésistible et qu'on ne saurait enfermer en aucune figure »[2] (Schelling encore).

Pour l'hypersujet, le repos, c'est la mort : il lui faut se maintenir dans une mobilité perpétuelle qui reste le plus sûr indice de son désir de performance et le meilleur garant de sa « réussite ». Et c'est pourquoi, dans ce que Zygmunt Bauman appelle « l'étape liquide de l'époque moderne », « la mobilité, ou plutôt la capacité à rester en mouvement, est le matériau même dont est construite la nouvelle hiérarchie du pouvoir, le facteur primordial stratifiant – alors que vitesse et accélération sont les principales stratégies visant à faire pencher ce facteur en notre faveur »[3]. Mais l'entretien et le développement de cette capacité à rester en mouvement suppose et exige de ne s'attacher à rien, de ne tenir à rien au point qu'on ne pourrait plus s'en détacher. Les implications d'une telle exigence sont énormes : cela signifie notamment que le sujet doit pouvoir abandonner toute idée de construction d'un quelconque projet de vie, qu'il doit se tenir prêt à des bouleversements et des remises en cause incessants, qu'il doit désormais considérer tout élément sécurisant et stabilisant (tel, par exemple, un statut protecteur en matière de droit du travail) comme constituant au contraire une menace dans la mesure où cela risque de diminuer sa capacité à se maintenir en mouvement. Et c'est ainsi que le néo-sujet est conduit à intérioriser comme naturelle et allant de soi l'idée hautement paradoxale selon laquelle il peut être gagnant à avoir moins de régulation, moins de sécurité, moins de protection parce que ce sont là autant d'éléments qui freinent sa capacité de mouvement, qui font obstacle à sa capacité de dégagement. Et cette idée une fois intégrée au niveau individuel, elle devient également capable de jouer un rôle central dans la conception même de la société : les néo-sujets sont ainsi convaincus que plus ils perdent en capacité de contrôle démocratique, en capacité de régulation politique et de maîtrise collective de leur vie sociale, et

1. F.W.J. Schelling, *Leçons d'Erlangen*, *op.cit.*, p. 277.
2. *Ibid.*, p. 278.
3. Z. Bauman, *La société assiégée*, *op. cit.*, p. 230.

plus ils sont gagnants parce qu'ils suppriment ainsi les freins à leur mobilité et les entraves à leur flexibilité.

La privation de monde, c'est d'abord la production d'un sujet hors du monde, c'est-à-dire d'un sujet qui n'en est précisément un qu'à être extrait et abstrait du monde. Le sujet est celui qui s'épuise a être auprès de soi justement parce qu'il a été privé de sa possibilité essentielle qui est celle d'être au plus loin de soi, dans le monde, auprès du monde et auprès des autres. Ce mode d'existence hors le monde a pour conséquence de faire du monde une réalité objective essentiellement étendue dans l'espace, subsistant comme telle dans un temps ramené et réduit au présent, ou consistant en une succession de maintenant – ce qui revient au même. Mais cet immobilisme (tout est au présent, étalé dans l'espace) s'équilibre apparemment d'une accélération constante des vitesses, et donc, apparemment au moins, d'une forme de dynamisme. Nous verrons que ces deux phénomènes (statisme d'une réalité toujours au présent et dynamisme de processus allant s'accélérant et se présentant comme « progrès »), non seulement ne sont pas contradictoires, mais qu'ils possèdent une seule et même source qui les rend compatibles en les produisant en même temps. Nous situerons cette source du côté du travail dans la forme sociale dominante qui est actuellement la sienne : comme travail salarié, c'est-à-dire comme simple capacité abstraite de travail et comme propriété d'un sujet forcé d'en vendre l'usage à un autre. C'est cette forme-là du travail qui s'accompagne nécessairement à la fois d'un mode social de temporalisation qui fait du temps une forme vide, constamment au présent, dans laquelle se déroulent des processus extérieurs aux sujets, et d'un mode social de spatialisation qui fait de l'espace une réalité étendue devant les sujets et également extérieure à eux.

Mais cela conduit à devoir dénouer une contradiction que l'on peut formuler en ces termes : c'est par le travail qu'advient à la fois temporellement et historiquement l'être dans le monde de l'homme ; mais, aujourd'hui (encore davantage qu'hier), c'est dans et par le travail qu'adviennent la privation et la perte de monde. Faut-il en conclure que la seule issue soit la sortie du travail, au risque de perdre définitivement le monde avec ? Ou bien, considérant que, dans les deux propositions précédentes, « travail » est pris en deux sens différents qui restent à préciser, faut-il penser que ce qui porte aujourd'hui le nom de « travail » est en réalité le nom même du dispositif qui empêche que l'existence humaine adviennent historiquement dans le monde ?

CHAPITRE PREMIER

L'ÊTRE-*DANS*-LE-MONDE

> « Considérer l'homme comme un être isolé revient à le ramener à une idée abstraite, à un sujet opposé à un monde. L'homme est foncièrement être-au-monde dans un monde commun. Il n'y a donc pas de sujet coupé du monde et la vie communautaire suppose une certaine spatialité irréductible à l'espace géométrique homogène de la *res extensa*. »[1]

Nous prendrons tout d'abord appui sur le texte d'un cours de Heidegger datant de 1934[2] : « Nous ne saurions assez insister sur ce point que l'histoire – comme aussi bien le temps – est ici conçue comme un déroulement que nous posons à l'écart de nous, et, bien plus, que même notre propre présent est conçu comme quelque chose de posé à l'écart, de subsistant d'une manière ou d'une autre, qui se déroule devant nous et dont on prend connaissance ; cette représentation nous est donnée presque comme si c'était notre nature ; nous ne voyons aucune possibilité de penser et de questionner autrement »[3]. Heidegger exprime là une certaine

---

1. J.-M. Vaysse, *Totalité et finitude. Spinoza et Heidegger*, Paris, Vrin, 2004, p. 177.

2. Il s'agit du cours intitulé *La logique comme question en quête de la pleine essence du langage*, trad. fr. F. Bernard, Paris, Gallimard, 2008.

3. M. Heidegger, *La logique*, *op. cit.*, p. 129. Toutes les fois que nous le jugerons nécessaire, nous modifierons la traduction sur la base du texte de la *Gesamtausgabe* : M. Heidegger, *Gesamtausgabe*, II. Abteilung : Vorlesungen 1919-1944, Band 58, *Logik als*

manière de se représenter l'histoire et le temps dont on peut penser qu'elle est devenue encore plus dominante aujourd'hui qu'à l'époque où il en faisait le constat : à savoir un temps et une histoire qui se déroulent, tel un processus naturel, à côté de nous et sans nous. Ou encore : un temps et une histoire qui sont des phénomènes objectifs indépendants de nous et dont nous prenons connaissance extérieurement à la manière dont nous prenons connaissance de n'importe quelle réalité objective. Et comme une réalité objective, ou subsistante (*vorhanden*) comme dit Heidegger, est essentiellement une réalité présente, cette conception des choses vaut particulièrement de notre présent : il se tient là, à côté de nous, mais également indépendamment de nous. C'est d'ailleurs à ce présent ainsi conçu que se ramènent le temps et l'histoire eux-mêmes : le présent, conçu comme celui du temps qui est là objectivement devant nous, s'étend à l'histoire elle-même puisqu'elle est comprise comme le réceptacle dans lequel sont présents et disponibles les faits qui sont tombés dans le passé. Les choses sont ainsi conçues que, dans ce temps essentiellement ramené au présent, et dans ce présent qui est essentiellement à l'écart de nous, se produisent des faits qui sont eux aussi indépendants de nous, et des faits qui, une fois qu'ils ont eu lieu, tombent dans le passé, mais de telle sorte qu'ils y demeurent disponibles tout en s'y entassant, de telle sorte donc que, au fond, ils restent présents. Aussitôt après, Heidegger pose les seules questions qui vaillent d'être posées : « A quoi tient-il que cette représentation qui va de soi possède une telle primauté ? Et quelles possibilité et nécessité y a-t-il de briser cette évidence ? »[1].

La possibilité peut résider dans l'essai de comprendre autrement l'affirmation selon laquelle nous sommes des êtres historiques. La question devient alors celle de savoir si l'affirmation selon laquelle nous sommes historiques signifie que « notre être, celui que nous sommes nous-mêmes, s'accomplit en tant qu'historique », ou bien si elle veut simplement dire que nous sommes « ceux qui contemplent, constatent et observent pleins d'astuces » le déroulement historique

die Frage nach dem Wesen der Sprache, hrsg. von Günter Seubold, Frankfurt a. M, Klostermann, 1998.

1. *Ibid.*, p. 130.

des faits. Il est clair que c'est la seconde signification qui est de façon dominante considérée comme la bonne, mais elle est aussi celle qui nous ferme l'accès à une autre signification, à savoir celle qui établirait un lien essentiel entre le type d'être qui est le nôtre et l'historicité, et qui poserait, par exemple, que « l'être de notre soi est un advenir (*Geschehen*) et par là histoire (*Geschichte*) ». Ce qui voudrait dire que notre être est en lui-même historique dans la mesure même où il n'est pas un être subsistant et substantiel, un être purement et simplement donné et d'emblée achevé, mais au contraire un être qui est un advenir, un être qui n'est qu'à advenir.

Heidegger exploite ici une possibilité qui lui est offerte par la langue allemande dont on sait qu'elle possède deux termes pour dire l'histoire : *die Historie* et *die Geschichte*, ce second terme pouvant être rapporté au verbe *geschehen* qui signifie arriver, se produire, se passer, mais aussi advenir. Or dire que quelque chose advient, c'est dire plus et autre chose que simplement « il se passe » ou « il se produit » ou « il arrive » quelque chose. La différence n'est pas simplement qu'il y aurait du côté de l'advenir la dimension d'inattendu et de nouveauté, car il « se produit » et il « arrive » tous les jours des faits inattendus et tous les jours « se produisent » des événements qui introduisent de la nouveauté. Une première différence serait plutôt que le *Geschehen* ou l'advenir désigne un mouvement, alors qu'il « se passe », « il se produit » ou « il arrive » quelque chose sans que cela soit lié à aucun mouvement : simplement ça a lieu, ça se produit. Encore ce mouvement de l'advenir doit-il être compris comme différent d'un simple déroulement, de la simple succession de faits qui ont lieu, qui arrivent ou qui se produisent[1] : dans le mouvement d'advenir, il s'agit de quelque chose qui vient à être de telle sorte que, dans son mouvement de venir à l'être, cela ne retombe pas dans l'être, cela ne se clôt et ne s'achève pas, mais qu'au contraire cela se maintient dans l'advenir, c'est-à-dire dans une forme d'ouverture

---

1. D'où la distinction par Heidegger entre différentes sortes de mouvement : le mouvement comme « déroulement » (*Ablauf*) ou enchaînement de faits mécaniques, le mouvement comme « processus » (*Vorgang*) dans les phénomènes de la vie, et enfin le mouvement de « l'advenir » (*Geschehen*) réservé à la sphère de l'existence humaine , cf. *La logique*, p. 108.

fondamentale. Quand quelque chose est arrivé ou s'est produit, une fois que ça a eu lieu, c'est fini; mais pas quand quelque advient, ni même quand quelque est advenu : dans ce cas, cela n'est pas fini ni terminé. En ce sens, le mouvement d'advenir est bien un mouvement qui porte quelque chose à l'être, mais de telle sorte que non seulement il ne s'achève pas dans l'être qui est advenu, mais qu'au contraire il ouvre à partir de lui de nouvelles possibilités. Le mouvement d'advenir est tel qu'il se tient ensuite dans les possibilités qu'il a lui-même ouvertes.

Où l'on voit que la compréhension de l'histoire dans laquelle on se tient de façon dominante et le plus couramment aujourd'hui ignore tout d'un tel mouvement d'advenir, et qu'elle assimile l'histoire à une simple succession de faits qui se produisent ou qui ont lieu. La signification de l'histoire, *Geschichte*, dans son lien au *Geschehen*, à l'advenir, est par là complètement ratée : que l'être même de l'existant humain, tant individuel que collectif, soit de l'ordre d'une venue à l'être qui est à chaque fois aussi bien une ouverture de possibles, et que, par là, ce qui est advenu dans le passé des existants humains ait ouvert des possibles qui peuvent encore être des possibles pour nous aujourd'hui, ou encore, que nous-mêmes aujourd'hui, dans la façon que nous avons de faire advenir notre existence individuelle et collective, nous puissions ouvrir des possibles dans lesquels des existants humains à venir pourront encore se tenir eux-mêmes – tout cela est raté, ignoré, occulté, au profit de l'histoire conçue comme déroulement de faits qui se produisent, qui ont lieu et qui, une fois qu'ils ont eu lieu, vont s'entasser dans le passé.

Je me propose ici d'examiner l'hypothèse suivant laquelle cette conception dominante de l'histoire, qui est ignorante de la dimension de l'advenir, peut être interprétée comme l'aboutissement et le résultat d'un processus de privation du monde, de démondanéi-sation, c'est-à-dire de ce que Heidegger appelle l'*Entweltlichung*. Et cela en tant que la privation de monde conduit à la double institution, d'une part, d'un sujet extérieur au monde ou sans monde, et d'autre part d'une réalité considérée comme étant de nature essentiellement spatiale et présente. L'examen de cette hypo-thèse exige de commencer par le rappel de quelques éléments fondamentaux de la compréhension heideggérienne du « monde » et de « l'être dans le monde ».

ÊTRE DANS LE MONDE ET ÊTRE À L'INTÉRIEUR DU MONDE

Partons pour cela de l'examen du § 12 d'*Être et Temps*. Le titre de ce paragraphe est explicite : il s'agit d'une « première esquisse de l'être-dans-le-monde », en allemand : *eine Vorzeichnung*, c'est-à-dire un dessin (*Zeichnung*) qui vaut comme préalable (*vor-*) avant le tableau complet ; en d'autres termes, nous sommes en présence d'un § qui ne prétend pas être autre chose qu'une introduction. Heidegger nous introduit ici à l'être-dans-le-monde en tant que structure fondamentale de l'existant que nous sommes. La méthode de cette introduction est indiquée par Heidegger un peu plus loin dans le § : « nous adoptons la démarche qui consiste à l'opposer à un rapport d'être qui, ontologiquement, est essentiellement autre, et que nous exprimons au moyens des mêmes mots »[1]. Dans cette phrase, le « l' » renvoie à « une structure d'être originale de l'existant ». La méthode ou la démarche sera donc la suivante : on tentera ici d'approcher, nous dit Heidegger, une structure d'être originale de l'existant que nous sommes, et on le fera en opposant cette structure à un rapport d'être qui porte le même nom, ou qui est désigné par les mêmes mots, mais qui est propre aux étants que l'existant n'est pas ou qui ne sont pas l'existant.

Le problème, pour nous qui parlons français, est que cette consigne de méthode n'est compréhensible que si on se rappelle que l'expression allemande utilisée par Heidegger est *In-der-Welt-sein*, soit littéralement : « être-dans-le-monde », et non pas « être-au-monde ». Si on se rappelle cela, on comprend que Heidegger puisse commencer par nous expliquer que « l'être-dans-le-monde » de l'existant n'est pas la même chose que l'être-dans-quelque-chose. L'être-dans-le-monde de l'existant et l'être-dans-le-verre de

---

1. M. Heidegger, *Être et Temps* (désormais cité E&T), § 12, trad. fr. F. Vezin, Paris, Gallimard, 1986, p. 88. Nous nous réservons dans la suite la possibilité de modifier cette traduction sans l'indiquer expressément à chaque fois. Nous nous fondons sur l'édition allemande suivante : M. Heidegger, *Sein und Zeit*, Tübingen, Max Niemeyer, 1984.

l'eau, l'être-dans-l'université de l'amphithéâtre sont exprimés par les mêmes mots, à savoir : être-dans. Pourtant, ce sont des rapports d'être totalement et essentiellement différents. Dans le cas du verre et de l'eau, du vêtement et de l'armoire, de l'amphithéâtre et de l'université, nous dit Heidegger, « par être-dans est désigné le genre d'être d'un étant qui est *dans* un autre et (…) nous voulons dire par ce *dans* le rapport d'être qu'entretiennent deux étants étendus dans l'espace relativement à leur place dans cet espace »[1]. Or le rapport de l'existant au monde se dit aussi comme être-*dans*-le-monde, où « être-dans » possède néanmoins un tout autre sens. Mêmes mots donc, mais deux sens radicalement différents. Notons que le choix de traduire l'*In-der-Welt-Sein* par « l'être-au-monde » a déjà pour conséquence de complexifier inutilement les choses : on traduit en utilisant en français deux expressions différentes (être-dans et être-au) un texte dans lequel Heidegger explique au contraire *qu'une seule et même expression* (*in-sein*) possède deux significations totalement différentes selon qu'elle s'applique à l'existant ou bien aux étants qui ne sont pas des existants.

A partir de là, Heidegger nous donne deux indications. D'abord, de façon très peu explicite, il nous indique comment on peut penser que les deux sens de « être-dans » peuvent s'articuler l'un à l'autre. « Ces étants, qui peuvent se déterminer ainsi comme intérieurs les uns aux autres [l'eau dans le verre], ont tous le même genre d'être, celui de l'être subsistant (*Vorhandensein*) en tant qu'il est celui des choses apparaissant *à l'intérieur* du monde »[2]. Heidegger nous indique ici, plus qu'il ne nous le dit, que le rapport spatial entre deux choses (l'eau et le verre) dont l'être est de l'ordre de l'être subsistant, que ce rapport donc présuppose le monde : pour ces choses, être à une place dans l'espace suppose qu'elles soient d'abord à l'intérieur du monde, ce qui présuppose à son tour qu'il y ait d'abord quelque chose comme « le monde » et donc qu'il y ait un étant spécifique pour lequel quelque chose comme le monde ait un sens. Heidegger nous indique ici que l'être-dans au sens de l'être-dans-le-monde précède et détermine l'être-dans au sens d'avoir une

---

1. E&T, p. 87.
2. E&T, p. 87.

place dans l'espace, au sens donc d'être à l'intérieur du monde. Pour qu'il y ait des choses dans l'espace et pour qu'il y ait un espace dans le monde, il faut d'abord que soit ouverte la dimension du monde, il faut donc d'abord qu'existe un étant pour lequel cela ait un sens d'être-dans-le-monde.

Soit dit en passant, cela nous donne aussi une solution de traduction : au lieu de traduire l'*In-der-Welt-sein* par l'être-*au*-monde et de perdre ainsi le « dans » qui se trouve dans l'expression allemande, on peut très bien traduire *In-der-Welt-sein* par « être-dans-le-monde » quand il s'agit de l'existant, et réserver aux étants qui ne sont pas des existants l'expression « être-à-l'intérieur-du-monde ». On comprendrait ainsi très bien, en français, que l'être-dans-le-monde de l'existant ne signifie pas que l'existant est à l'intérieur du monde comme un contenu est à l'intérieur d'un contenant, comme l'eau est à l'intérieur du verre.

Ensuite, explicitement cette fois, Heidegger nous donne des indications pour commencer à entendre le sens de « être-dans » quand il s'agit de l'existant et du monde, et non pas de l'eau et du verre. Que veut dire être-dans-le-monde quand il s'agit de l'existant, c'est-à-dire quand il ne s'agit pas de l'être-à-l'intérieur du monde ? C'est ce qu'Heidegger explique ici dans les termes suivants : « L'être-dans signifie aussi peu un étant subsistant spatial l'un à l'intérieur de l'autre, que "dans" ne signifie originairement une relation spatiale du genre de celle dont on a parlé ; "*in*" vient de *innan*-, habiter, *habitare*, s'arrêter quelque part pour y séjourner ; "*an*" signifie : je suis habitué à[1], je suis familier avec, j'ai coutume de (ou je suis coutumier de). »

Notons d'abord les éléments signifiant l'habitude, la familiarité : cela nous renvoie à une existence quotidienne dans un « environnement » familier, dans un lieu où on ne se contente pas d'être, mais qu'on habite et où on séjourne. Un lieu qui nous est un séjour, c'est autre chose qu'un endroit où on se trouve, où on est simplement, ce n'est pas la même chose qu'un simple lieu de l'espace qu'on occupe, et que le fait d'en donner les coordonnées GPS suffirait

---

1. Heidegger joue sur la proximité en allemand de *wohnen*, habiter, avec *gewohnt sein*, être habitué à.

à déterminer. Mais habitude, habitation, familiarité et coutume sont aussi des éléments qui renvoient à une certaine manière d'être ou de séjourner quelque part *qui dure* (on n'est pas coutumier d'un lieu en quelques minutes, ni en quelques jours : il faut y demeurer longtemps, y voir s'y succéder les saisons par exemple), d'où l'omniprésence de la dimension temporelle dans le vocabulaire utilisé par Heidegger. Cela indique enfin un espace qui n'est pas neutre : un lieu dont on est familier ou coutumier est un lieu où l'on possède des points de repère, dans lequel on sait s'orienter, d'un savoir qui n'est pas forcément explicite, voire qui est difficile à expliciter. Enfin, c'est un lieu dans lequel on se livre à des occupations : un lieu qui nous devient habituel et coutumier est un lieu où l'on ne reste pas inactif, c'est un lieu où l'on déploie une activité quotidienne qui se répète de jour en jour, et notamment une activité qui est de l'ordre du travail (c'est l'atelier de l'ouvrier, le laboratoire du chercheur, la bibliothèque de l'écrivain).

Notons aussi le fait que Heidegger commence ici une étude du concept d'*être*. Il souligne la proximité de *bin* et de *bei* : *ich bin*, « je suis » voudrait dire « je suis auprès de », donc je séjourne auprès, ce qui nous ramène à « habiter » et à la familiarité. Où l'on rencontre un nouveau problème de traduction : quand *bei* apparaît pour la première fois F. Vezin traduit par « auprès », ce qui est exact. Mais, lorsque la même expression revient au début de l'alinéa suivant dans la tournure « *sein bei* », elle est rendue méconnaissable en français puisque Vezin la traduit cette fois par « être après » ! Non seulement le lecteur francophone ne comprend pas qu'il s'agit dans ce nouvel alinéa d'un développement consacré spécifiquement à l'expression « être auprès du monde » qui a déjà été utilisée dans l'alinéa précédent, mais, en plus, ce pauvre lecteur francophone se trouve face à une expression qui n'a strictement aucun sens en français : « être après le monde » ! Non seulement ce choix rend le texte incompréhensible, mais, en outre, il est de nouveau immédiatement contraire à la méthode ou à la démarche que Heidegger se propose explicitement de suivre dans ce passage, et que je rappelle : mettre au jour une structure d'être de l'existant et l'opposer à un mode d'être essentiellement différent, *mais qui porte le même nom*. C'était le cas avec « être-dans » qui, pour l'existant, signifie « habiter », « séjourner »,

alors que, pour les étants qui ne sont pas des existants, il signifie
« être à l'intérieur ». C'est maintenant de nouveau le cas avec
l'expression « être auprès ».

Pour les étants qui ne sont pas des existants, *sein bei* (« être
auprès ») signifie être l'un à côté de l'autre, être juxtaposé : le
« auprès » a ici le sens de « près de », comme quand je dis que la table
est près du mur, les deux (auprès et près) se disant en allemand de la
même façon, à savoir *bei*. Mais l'existant que nous sommes n'est pas
auprès du monde comme la table est près du mur : ce qui veut dire
que l'existant et le monde ne sont précisément pas juxtaposés l'un
à l'autre. Il n'y a pas l'existant et, à côté de l'existant, le monde.
Certes, on peut dire de moi, en tant qu'existant, que je suis près de ce
bureau, et que, en ce sens, ce bureau et moi, nous sommes comme
deux étants juxtaposés dans l'espace. C'est ce que dit Heidegger :
« l'existant peut avec un certain droit et dans certaines limites être
conçu comme étant seulement subsistant; cela nécessite qu'on
s'abstienne de tout regard sur la constitution existentiale de l'être-
dans, à moins qu'on ne la voit pas »[1]. Or nous cherchons justement
à faire l'inverse ici, à savoir diriger notre regard sur la « constitution
existentiale » de l'existant. Donc ce qui importe, c'est de voir ce qui
est manqué de l'existant quand on dit qu'il est à côté du bureau ou
près du bureau. Or ce qui est manqué, c'est justement que l'existant
n'est pas près du bureau au même sens où la chaise est près de la
porte. La différence, c'est que le bureau est *pour* l'existant que je
suis, alors que la chaise n'est pas pour la porte, ni la porte pour la
chaise : c'est pourquoi elles sont simplement près l'une de l'autre,
mais pas *auprès* l'une de l'autre.

Moi, en tant qu'existant, je suis auprès du bureau. Qu'est-ce que
cela signifie ? Cela signifie que le bureau est pour moi le support sur
lequel j'ai posé les feuilles sur lesquelles j'ai pris des notes en
préparant mon cours. Le bureau est donc *pour* moi et je suis *auprès*
du bureau dans la seule mesure où je me trouve ici pour donner
un cours : c'est dans la mesure où je suis engagé dans une activité
qui est un travail (faire cours), c'est dans cette mesure là que je
rencontre le bureau, que le bureau est *pour* moi ou qu'il *s'offre*

1. E&T, p. 89.

à moi, et que je suis *auprès* du bureau comme de ce que *j'utilise pour* poser mes feuillets et mes livres. Mais, me direz-vous, les livres, mes feuillets, le bureau et moi-même en tant que j'utilise ces différentes choses dans l'occupation qui est actuellement la mienne, nous sommes bien quand même dans l'espace. Certes, mais ce n'est pas l'espace de la géométrie : cet espace où je me trouve auprès du bureau et où, sur le bureau, se trouvent mes livres et mes feuilles, c'est un espace dans lequel il y a pour moi des directions et un sens, et c'est un espace qui n'a de sens que relativement à la *tâche* à laquelle je suis en train de me consacrer, que par rapport à l'occupation qui est actuellement la mienne, à savoir donner un cours. Un tel espace suppose mon être-dans-le-monde selon la modalité qui est actuellement la sienne, à savoir mon être-dans-monde en tant que je suis engagé dans l'occupation consistant à donner un cours.

Mais que veut dire et qu'est-ce qu'implique ce terme d'occupation, c'est ce que Heidegger explique dans la suite de notre § 12, en commençant par donner un certain nombre d'exemples : « avoir affaire à quelque chose, produire quelque chose, commander quelque chose, prendre soin de quelque chose[1], utiliser quelque chose, renoncer à quelque chose et la laisser se perdre, entreprendre, parvenir à ses fins, se renseigner, interroger, considérer, discuter, déterminer… Ces variétés de l'être-dans possèdent le mode d'être de la *préocuupation* qui doit encore être caractérisée de façon approfondie »[2]. La préoccupation pour ou envers quelque chose (*das Besorgen*) exprime une dimension fondamentale de l'être-dans-le-monde : la dimension de pro-jection, le fait que l'existant est un être pro-jeté dans ou vers le monde. Les autres étants sont dans le monde au sens où ils sont à l'intérieur du monde, ils reposent à l'intérieur du monde ; les existants, eux, ne reposent pas à l'intérieur du monde, ils sont ou ils se trouvent pro-jetés dans le monde, mieux : pro-jetés *vers* le monde. C'est ce mouvement de projection comme projection vers le dehors, c'est cet être-hors de-soi qui est essentiellement exprimé par la préoccupation. On savait déjà qu'être un existant,

---

1. Que dire de la traduction de « *bestellen und pflegen von etwas* » par « faire la culture et l'élevage de » ?

2. E&T, p. 90.

c'est être-dans-le-monde; on voit maintenant qu'être dans le monde, c'est être exposé au dehors, c'est être soi en étant en fait toujours d'abord hors de soi. Et si les existants sont bien aussi dans le monde au sens où ils sont aussi comme les autres étants à l'intérieur du monde (c'est ce que Heidegger appelle, dès ce § 12, leur facticité), il faut dire s'agissant des existants qu'ils ne sont à l'intérieur du monde que parce qu'ils y sont projetés, alors que les autres étants sont dans le monde, à l'intérieur du monde au sens où ils reposent dans le monde : ils sont *du* monde, tandis que les existants sont *dans* le monde.

On comprend qu'en faisant de la préoccupation une structure fondamentale de l'être de l'existant, Heidegger ne veut pas seulement dire que l'existant serait un être essentiellement tourmenté ou tracassé, notamment parce que, en tant qu'être de besoins, il lui faudrait constamment se procurer de quoi les satisfaire et se donner de la peine pour cela. C'est pourquoi, au sujet de la préoccupation, du *Besorgen*, Heidegger note que « le terme n'est pas choisi pour la raison que l'existant serait en quelque sorte d'abord et dans une large mesure économique et "pratique" »[1]. Heidegger ne veut pas dire que « l'économique » et le « pratique », les besoins et la peine qu'il faut se donner pour les satisfaire sont inessentiels et à mettre de côté; il dit que l'économique et le pratique n'ont un sens pour l'existant qu'en tant que l'être de ce dernier est ontologiquement de l'ordre de la préoccupation (et du souci, *Sorge*), c'est-à-dire que les activités pratiques et économiques que l'on déploie pour faire face aux « besoins de la vie » attestent que notre être est d'abord de l'ordre de la préoccupation et qu'il est un être envoyé et expédié dans le monde. Mon être dans le monde de façon préoccupée est certes attesté par les activités d'affairement que je déploie et qui achèvent de m'insérer dans le monde : mais le premier est la condition des secondes. Avec la préoccupation, nous voilà parvenus à un existential, à une structure de l'être de l'existant qui est de même niveau que l'être-dans-le-monde.

Le concept de « préoccupation » exprime la critique de l'intériorité que Heidegger mène sur tous les fronts à la fois, non

1. E&T, p. 91.

seulement contre l'intériorité subjective, mais aussi contre l'intériorité au monde ou l'intramondanéité, au sens de l'appartenance au monde. L'existant n'est pas *du* monde, il n'appartient pas au monde, il n'est pas dans le monde comme une chose est dans une boîte : il se trouve certes dans le monde, mais il ne s'y trouve que pour autant que, en même temps, il découvre qu'il y a été pro-jeté, envoyé. Le lieu ou l'endroit où se trouve l'existant (et il se trouve de fait dans un lieu comme n'importe quel étant, c'est sa facticité) ne lui est pas un lieu naturel, n'est pas un endroit où il a sa place en quelque sorte assignée. Aucun endroit du monde n'attend *a priori* un existant : c'est l'inverse. L'existant se trouve dans n'importe quel lieu, et c'est à lui d'en faire un lieu habitable, c'est à lui de faire de ce lieu parfaitement contingent un séjour.

Critique donc de l'intériorité au monde, au sens où le monde n'est pas pour l'existant un réceptacle comme une boîte ou un tiroir, mais critique aussi de l'intériorité au sens de l'intériorité du sujet : l'existant n'est pas d'abord intérieur à lui-même ou à l'intérieur de lui-même pour ensuite, dans un second temps, entrer en rapport avec le monde, avec l'extérieur. Là aussi c'est l'inverse : l'existant est d'abord à l'extérieur, d'abord au dehors, il est d'abord hors de soi, et c'est cela que signifient la préoccupation et le souci selon Heidegger. Exister, c'est être exposé au dehors, et c'est être dans le monde en y étant envoyé, projeté, expédié. Heidegger le réaffirmera, peut-être encore plus nettement, dans son cours de 1934 sur *La logique comme question en quête de la pleine essence du langage*, p. 192 : « Il ne s'agit pas, en caractérisant l'être de l'homme comme souci, de monter en épingle et de mettre en valeur face à d'autres un affect contingent du sujet humain ; souci veut dire ceci : être exposé au-dehors dans l'être, ce qui signifie que toute subjectivité vole en éclat ». Et il ajoute encore ceci : « parce que l'homme est exposé au dehors dans l'étant, qu'il est transporté dans l'étant (...), pour cette raison, il peut seulement être en se tenant dans l'exposition-au-dehors, en répondant pour ou contre elle »[1]. Dans la mesure même où elle porte le sens de cette exposition au dehors,

---

1. M. Heidegger, *La logique comme question en quête de la pleine essence du langage*, *op. cit.*, p. 192.

la préoccupation comme mode fondamental de notre être dans le monde joue un rôle décisif dans le cadre de la critique du « sujet » et de la relation entre « sujet et objet ».

Et c'est bien pourquoi cette critique apparaît dans le paragraphe 12 d'*Être et Temps* aussitôt après l'introduction du concept de préoccupation. « L'être-dans n'est pas une "qualité" que l'existant a parfois, et que parfois il n'a pas, *sans* laquelle il pourrait *être* aussi bien qu'avec ; l'homme n'"est" pas en ayant en outre une relation d'être avec "le monde" qu'il se donne à l'occasion ; l'existant n'est jamais "d'abord" un étant pour ainsi dire libre d'être dans, auquel il viendrait parfois à l'idée d'inaugurer une "relation" avec le monde. »[1] Or c'est justement ainsi que les choses se présentent aussi longtemps que l'on pense dans les termes de la relation entre sujet et objet : on se figure un sujet, d'emblée donné et constitué comme sujet, et on imagine que ce sujet peut ensuite, sur sa libre initiative, entreprendre d'entrer en relation avec le « monde », lui-même essentiellement compris comme le tout d'une réalité objective donnée indépendamment du sujet. Il existe aussi la variante selon laquelle un sujet, qu'on s'est là aussi donné préalablement, est vu comme inscrit au sein d'une réalité objective qui l'englobe, tel une (petite) chose dans une (grande) boîte. L'être dans le monde tel que Heidegger le comprend n'est ni l'un ni l'autre : ce n'est pas un sujet, d'abord replié sur son intériorité, qui nouerait ensuite à loisir une relation avec un monde objectif extérieur, et ce n'est pas non plus un sujet qui se trouverait emboîté dans un monde objectif plus vaste que lui. L'être-dans-le-monde est le mouvement d'une existence envoyée et expédiée dans le monde auprès des choses et des êtres dont elle s'occupe et qui la préoccupent. Ce mouvement implique une manière spécifique de spatialiser et de temporaliser qui est complètement ignorée aussi longtemps qu'on demeure pris dans la relation sujet-objet. Et c'est pourquoi, à la fin du § 12, cette

---

1. E&T, p. 91.

« relation sujet-objet » est qualifiée par Heidegger de « présupposition absolument fatale »[1], tandis que le début du § 13 dira que « sujet et objet ne se recouvrent pas avec existant et monde »[2].

Quels sont en effet les éléments implicitement véhiculés par la relation sujet-objet ? Il y a d'abord le dualisme de l'intérieur et de l'extérieur : le sujet est pensé comme entrant en relation avec un monde qui lui est extérieur et qui est opposé à l'intériorité du sujet ; ou bien le sujet est vu comme un îlot d'intériorité, un îlot de « vie » intérieure et subjective entouré de la réalité extérieure et objective du monde, et donc inscrit et comme « localisable » au sein de cette objectivité extérieure. On se représente ainsi le sujet comme un être qui, pour nouer une relation avec le monde extérieur, devrait toujours commencer par « quitter en quelque sorte sa sphère intérieure dans laquelle il serait d'abord bouclé »[3]. L'être dans le monde et la préoccupation tels que Heidegger les entend ont précisément pour sens de faire sauter ce bouclage du sujet sur et dans son intériorité : ils signifient que l'existant, contrairement au sujet, est « toujours déjà au dehors auprès d'un étant se rencontrant dans le monde chaque fois déjà dévoilé »[4]. L'extériorité comme être au dehors est donc première, mais elle ne s'oppose à aucune intériorité, ni à une intériorité préalable, ni à une intériorité qui s'instaurerait ou se restaurerait après coup. Ce qui se trouve ici complètement remis en cause, c'est l'opposition même entre intérieur et extérieur : l'extériorité au sens de l'être au dehors propre à l'être dans le monde n'est pas une extériorité qu'on rejoint par un quelconque « abandon de la sphère intérieure »[5]. Ou bien, comme le dit ici Heidegger : « dans cet être au dehors auprès de l'objet, l'existant est, au sens bien compris de l'expression, au dedans, c'est-à-dire qu'il est lui-même ce qui connaît en tant qu'être dans le monde »[6]. En d'autre termes, dans la connaissance, puisque c'est de cela qu'il s'agit là, l'existant ne quitte pas sa sphère intérieure pour aller voir au dehors ce qu'il en

1. E&T, p. 93.
2. E&T, p. 94.
3. E&T, p. 96.
4. E&T, p. 96.
5. E&T, p. 96.
6. E&T, p. 96-97.

est de l'objet, pas plus qu'il ne revient ensuite dans cette même sphère intérieure muni des informations qu'il aura collectées au dehors. Au contraire, l'existant n'est connaissant que dans la mesure où il est toujours déjà au dehors ; à quoi s'ajoute qu'il y reste, et que c'est seulement parce qu'il reste et demeure au dehors auprès de l'objet qu'il peut en connaître quelque chose. En connaissant, en pensant, en se représentant ou simplement en percevant, « l'existant *reste en tant qu'existant au dehors* », c'est-à-dire auprès de la chose qu'il perçoit, connaît, se représente, ou pense : il reste et demeure au dehors, auprès de la chose, et il ne revient pas dans son intériorité subjective. La chose est évidemment capitale en ce que cet envoi ou cette expédition de l'existant vers le dehors et auprès des choses n'est en définitive pas autre chose que l'advenir ou le *Geschehen* de l'existant dont nous parlions en commençant. C'est cela « advenir » pour un existant : ne pouvoir être soi qu'à être en dehors de soi, dans le monde et auprès des choses qui ainsi s'offrent primairement à lui comme objets de sa préoccupation et comme outils de l'accomplissement de ses ouvrages.

Nous sommes sans doute maintenant mieux à même de comprendre ce que Heidegger désigne comme *Entweltlichung*, c'est-à-dire comme démondanéisation ou privation du monde. Le terme d'*Entweltlichung* apparaît dans le § 14 d'*Être et Temps*, mais Heidegger en faisait un usage plus abondant dans son cours de 1925, *Prolégomènes à l'histoire du concept de temps*, qui est en quelque sorte un premier exposé du contenu du traité de 1927. Le concept d'*Entweltlichung*, de privation de monde, se comprend à partir de la critique radicale à laquelle Heidegger, on vient de le voir, soumet la relation sujet-objet. La conception de soi en tant que sujet n'est en effet rendue possible que par l'effectuation d'un mouvement exactement inverse de celui exprimé par l'être dans le monde comme envoi de l'existant au dehors et vers le monde : le sujet ne se constitue comme tel au contraire qu'en étant extrait et retiré du monde pour être reconduit à la clôture de son intériorité à soi. Il se produit là une véritable défiguration de l'existant dans la mesure où, comme le dit Heidegger, c'est « un non-sens que de considérer l'étant qui, en tant qu'existant, a la constitution d'être de l'être dans le monde, sans relation à son monde »[1]. « Poser l'existant comme sujet » revient – c'est le terme de Heidegger – à le « dénaturer » dans la mesure où cela consiste à « considérer l'existant en lui retirant en quelque sorte sa constitution fondamentale »[2], à savoir l'être dans le monde. Mais cette constitution du sujet par extraction de l'existant hors du monde produit également et en même temps une défiguration tout aussi radicale du côté de l'objet puisqu'elle s'accompagne de la transformation du monde en ce qu'on appelle « la nature ». De sorte que « la nature » n'est pas autre chose, selon Heidegger, que ce que devient le monde quand il est justement privé de son caractère même de monde, c'est-à-dire quand on arrache au monde, quand on extrait hors du monde l'étant spécifique dont l'être dans le monde est la constitution fondamentale.

LE MONDE ET LA NATURE

On comprend que ce soit dans ce contexte là, précisément au sujet de la nature, qu'apparaisse dans *Être et Temps* la première occurrence du concept d'*Entweltlichung* : « Dévoiler l'étant comme nature en ce sens, l'existant ne le peut que sur un mode déterminé de son être dans le monde ; cette connaissance-là a pour caractère une certaine démondanéisation du monde (*Entweltlichung der Welt*) »[3]. Tout le paradoxe est que « la nature » est présentée comme le concept permettant de comprendre ce qu'est le monde, alors qu'en

---

1. M. Heidegger, *Prolégomènes à l'histoire du concept de temps*, trad. fr. A. Boutot, Paris, Gallimard, 2006, p. 241. Nous modifierons la traduction toutes les fois que nous le jugerons nécessaire en nous fondant sur le texte de la *Gesamtausgabe* : M. Heidegger, *Gesamtausgabe*, II. Abteilung : Vorlesungen 1919-1944, Band 20, *Prolegomena zur Geschichte des Zeitbegriffs*, hrsg. von Petra Jaeger, Frankfurt a. M, Klostermann, 1994.

2. *Ibid.*, p. 242.

3. E&T, § 14, p. 101. Notons que Heidegger utilise dans la même page le concept opposé de *Verweltlichung* à propos de l'existant, confirmant par là que l'existant est bien selon lui un être dont le propre est de se faire monde, de se mondanéiser. On se demande bien pourquoi F. Vezin rend la *Verweltlichung* par « l'intégration au monde », proposition d'autant plus surprenante qu'elle est le fait de quelqu'un qui, par ailleurs, se refuse obstinément à traduire *in der Welt* par « dans le monde ». Pour une fois qu'il n'y a pas d'idée de *in* (mais celle d'un *ver-*), le traducteur l'y met…

réalité c'est un concept qui n'est obtenu qu'à partir de la négation de ce qui fait du monde un monde : le concept de nature est le produit d'une démarche de connaissance qui s'accorde à elle-même un privilège sur les autres manières dont un existant peut se conduire dans le monde, et qui, surtout, oublie qu'elle est elle-même une certaine manière d'être dans le monde. Oublieuse de son propre caractère initial de conduite dans le monde, la connaissance s'institue en se comprenant elle-même comme la mise en relation d'un sujet qui est hors le monde avec un monde lui-même compris comme une nature existant objectivement indépendamment du sujet. Dès lors, la nature ainsi comprise n'a plus rien à voir avec le monde *dans* lequel œuvre l'existant préoccupé, elle sera au contraire essentiellement interprétée comme ce qui s'étale et s'étend *devant* le sujet : la nature est donc fondamentalement étendue, elle est ce qui remplit l'espace, au sens de l'espace homogène de la géométrie. Il s'ensuit que l'espace sera considéré comme un élément premier, toujours déjà-là, que vient remplir une nature elle-même comprise à la fois comme essentiellement étendue et comme ce qui subsiste dans le temps de façon permanente : à partir de là on n'est plus dans un espace et un temps d'abord déterminés par l'être dans le monde de l'existant préoccupé, c'est-à-dire un espace et un temps déterminés par la manière dont l'existant s'y oriente lui-même en fonction des tâches qu'il a à accomplir ou en fonction de l'usage qu'il fait des choses pour les travaux qu'il a à effectuer ; on n'a plus affaire à un existant dans le monde qui spatialise en rapprochant de lui ce dont il a besoin et en éloignant de lui ce dont il n'a pas l'usage ; on a au contraire affaire à un espace dans lequel on peut mesurer des distances entre des points et à un temps où on peut mesurer des étendues de temps entre des moments distincts.

A partir de là, comme l'indique Heidegger, on pourrait effectuer « toute une gradation dans le dégagement de l'espace pur et homogène, allant de la pure morphologie des figures spatiales jusqu'à une science purement métrique de l'espace, en passant par l'*analysis situs* »[1]. Mais l'obtention de cet espace métrique comme celle du temps mesurable repose sur ce que Heidegger appelle une

---

1. E&T, § 24, p. 153.

neutralisation qui est, par exemple, la neutralisation en vertu de laquelle les *régions* du monde alentour d'un existant deviennent de simples *dimensions* de l'espace, de même que les *places* occupées par les choses utiles et par les outils qui sont à portée de la main s'effondrent en une simple multiplicité de *positions* dans l'espace de choses purement indifférentes : « la place devient une position spatio-temporelle, un "point du monde" (*Weltpunkt*) qui ne se distingue d'aucun autre »[1]. Cette neutralisation a pour effet que « *die Umwelt wird zur Naturwelt* », « le monde alentour devient le monde de la nature » : « le monde, en tant qu'ensemble d'outils maniables, est spatialisé en une connexion de choses étendues qui ne sont plus que subsistantes »[2].

Mais la condition qui rend possible une telle neutralisation, Heidegger le rappelle encore ici, c'est d'abord une *Entweltlichung*, une démondanéisation ou une privation de monde : « L'espace homogène de la nature ne se montre que sur la voie d'une sorte de mise à découvert de l'étant faisant encontre, qui possède le caractère d'une *démondanéisation* spécifique du caractère de monde propre à ce qui est maniable »[3]. Le cours, déjà cité, de 1925 est plus loquace au sujet de cette démondanéisation ; on y lit ceci : « Ce n'est qu'en s'extrayant pour ainsi dire du monde alentour et en s'éloignant de lui que la prétendue réalité véritable de la chose naturelle primaire devient accessible ; le mode d'encontre de la chose naturelle (…) repose sur une *démondanéisation* spécifique du *monde alentour* ; ce n'est qu'à la faveur de cette démondanéisation que la nature au sens d'objet des sciences de la nature se trouve, d'une manière générale, *mise à découvert* »[4]. On voit que la démondanéisation repose elle-même sur un retrait de l'existant en dehors du monde alentour dans lequel il est d'abord en tant qu'existant préoccupé : ce retrait est même une véritable extraction en dehors du monde et un éloignement qui prend l'exact contrepied de l'attitude de rapprochement et de déséloignement (*Ent-fernung*) qui est celle de l'existant

---

1. E&T, § 69, b), p. 424.
2. E&T, § 24, p. 153.
3. *Ibid.*
4. M. Heidegger, *Prolégomènes à l'histoire du concept de temps*, *op. cit.*, p. 284.

préoccupé en tant qu'il rapproche de lui les choses maniables dont il a besoin dans l'accomplissement de ses tâches et pour mener à bien les travaux qui sont les siens.

Parvenu à ce point, une question ne peut manquer de se poser : c'est la question de savoir quelles sont les causes d'une telle extraction de l'existant en dehors du monde de la préoccupation ; en d'autres termes, c'est la question portant sur ce qui produit et engendre la démondanéisation qui, comme démondanéisation de l'existant, engendre le sujet, et, comme démondanéisation du monde de la préoccupation lui-même, engendre la nature comme réalité spatio-temporelle. Sur ce point il faut avouer que les explications données par Heidegger peuvent paraître à la fois hésitantes et peu satisfaisantes.

L'explication la plus souvent retenue est celle qu'on trouve dès le § 13 d'*Être et Temps* où Heidegger écrit ceci : « afin que soit possible le connaître en tant qu'il détermine l'étant subsistant en l'observant (*betrachtend*), il y a besoin au préalable d'une *déficience* de l'avoir-affaire préoccupé avec le monde »[1]. Il semble que cette déficience ne soit pas produite volontairement par l'existant préoccupé et qu'elle se produise accidentellement, si du moins on se réfère à ce que Heidegger en dira au § 16 en examinant ce qui se passe dans les cas soit d'un outil défectueux soit d'un outil manquant. Le fait de « s'abstenir de toute activité telle que fabriquer, manier, etc. », comme dit Heidegger ici, ne semble donc pas reposer sur une décision volontaire de l'existant, mais sur un empêchement dû à une défaillance ou à une absence de l'outil, défaillance et manque qui ont pour effet de suspendre l'activité préoccupée de l'existant dans le monde, de sorte que celui-ci se trouve pour ainsi dire forcé de s'abstenir de fabriquer parce que l'outil qu'il utilise soit vient à manquer, soit ne fonctionne pas.

Mais d'autres textes vont dans un sens différent ; ainsi, s'agissant toujours de la modification par laquelle l'existant interrompt son commerce préoccupé avec les choses et se met à les prendre simplement en vue, à simplement les regarder et les observer, le cours de 1925 pose que « cette modification de l'être-dans signifie que

---

1. E&T, § 13, p. 96.

l'existant cherche en quelque sorte à ne plus être dans son monde alentour immédiat »[1]. Cette fois, c'est bien d'une initiative de l'existant qu'il s'agit puisqu'il chercherait lui-même et de son propre fait à sortir et à s'extraire du monde de la préoccupation. Et dans la mesure où cette extraction de l'existant hors du monde de la préoccupation a pour effet de mettre à découvert le monde comme « nature » et de rendre possible l'investigation scientifique de celle-ci, Heidegger finit dans *Être et Temps* par faire l'hypothèse que cette mise à découvert de l'étant subsistant et présent en tant que nature « se fonde existentiellement dans une résolution de l'existant par laquelle il se projette vers le pouvoir-être dans la "vérité" »[2]. Ce qui conduit Heidegger à estimer qu'il y a bien « une origine de la science à partir de l'existence propre » dans la mesure où « l'être-dans-la-vérité constitue une détermination d'existence de l'existant »[3]. L'hésitation de Heidegger paraît fort grande ici puisque, s'agissant d'expliquer l'extraction de l'existant hors du monde et la réduction concomitante du monde à une nature étendue dans l'espace, il semble osciller entre, d'une part, l'idée d'une modification intervenant accidentellement du côté des outils et des choses maniables, et, d'autre part, l'idée d'une résolution de l'existant qui serait existentiellement porté par une volonté d'être dans la vérité.

DE HEIDEGGER À MARX

La seule hypothèse que Heidegger ne fasse pas est que l'existant puisse être contraint à l'extraction hors du monde par l'effet de dispositifs sociaux particuliers et historiquement déterminés, et que ce soit précisément des dispositifs de ce genre qui puissent parvenir à produire à la fois des sujets privés de monde et un monde réduit à une réalité extérieure étendue dans l'espace. Les ressources théoriques permettant de faire une hypothèse de ce genre me paraissent pourtant être bel et bien présentes dans le texte de Heidegger, à commencer par le fait que le monde de la préoccupation dans lequel

1. *Prolégomènes*, p. 284.
2. E&T, § 69, b), p. 426.
3. *Ibid.*

se trouve immédiatement l'existant quotidien et préoccupé soit considéré et décrit par Heidegger comme étant ce qu'il appelle un *Werkwelt,* une expression que l'on peut rendre en français par « monde de l'ouvrage » ou par « monde du travail » : « nous caractérisons, écrit Heidegger, le monde alentour spécifique de la préoccupation comme *monde de l'ouvrage* »[1]. Ce que Heidegger établit d'une façon radicale, c'est que le monde dans lequel adviennent les existants est fondamentalement un monde au sein duquel ces derniers produisent, fabriquent, travaillent et œuvrent. Être dans le monde, pour les existants, c'est d'abord être occupé à travailler et à œuvrer. Et être occupé en travaillant et en œuvrant, cela implique aussitôt pour l'existant une certaine manière de spatialiser et de temporaliser : l'ouvrage en train de se faire est en lui-même spatialisant en ce qu'il dispose les choses maniables les unes par rapport aux autres et en fonction de la tâche qui est à accomplir, mais il est tout autant temporalisant en ce qu'il est projection depuis l'ouvrage déjà fait vers l'ouvrage à faire, par exemple projection depuis le fil déjà élaboré vers le tissus qui est à produire avec le fil. On ne peut qu'être étonné par le fait que la richesse et la précision de la description par Heidegger du monde de l'existant comme « monde de l'ouvrage » et du travail ne lui ait pas permis d'être amené à l'idée que, lorsque l'existant est extrait de ce monde, lorsqu'il en est privé, ce ne peut être que par l'effet de transformations intervenant dans l'ouvrage et le travail eux-mêmes.

Mais certainement aurait-il fallu pour cela qu'il fasse le lien entre ce que lui-même analyse comme une extraction hors du monde et ce que Marx pour sa part comprenait comme « la séparation d'avec les moyens de la production ». C'est pourtant bien cette séparation qui transforme l'existant qui travaille et œuvre dans le monde en un *sujet* séparé du monde et simple dépositaire abstrait d'une pure « capacité de travail » (*Arbeitsvermögen*); c'est cette séparation aussi qui explique le mouvement d'abstraction réelle par lequel on passe d'une multiplicité de travaux concrets – à laquelle s'en tient Heidegger – à une capacité de travail qui est une moyenne sociale rendant tous les travaux et tous leurs produits comparables les uns

---

1. *Prolégomènes*, p. 276.

avec les autres, quantifiables les uns par rapports aux autres. Et c'est encore cette séparation qui fait de la dépense de la capacité de travail quelque chose de quantifiable en unité de temps et donc de mesurable à l'aide du temps spatialisé des sciences de la nature.

En ce sens la *démondanéisation* dont parle Heidegger me paraît bien être inséparable de ce qui chez Marx est pensé sous le vocable *d'abstraction*, par où est désigné un processus auquel les travaux humains ont été historiquement soumis du fait de leur soumission réelle au capital et de leur inscription à l'intérieur du procès de valorisation du capital. La radicalité du propos de Heidegger se marque au fait qu'il ait pu aller jusqu'à écrire que « le monde de l'ouvrage occupe une place centrale dans la constitution de la structure de la réalité du réel » [1] : mais cela aurait certainement dû signifier aussi que, lorsque la « réalité du réel » se met à se « structurer » de telle sorte que les existants sont privés de l'accès direct au « monde de l'ouvrage » et qu'ils n'y accèdent plus qu'au prix de leur soumission réelle au capital, alors, dans ces conditions là, on ne peut plus se contenter, comme Heidegger le fait, « de prendre pour point de départ de l'analyse le monde ambiant le plus simple qui soit, [à savoir] l'ouvrage artisanal et l'artisan » – parce que le monde moderne de l'ouvrage n'est historiquement plus celui de l'ouvrage artisanal et de l'artisan, mais celui du travailleur salarié qui n'est pas autre chose que la figure par excellence du travailleur démondanéisé.

Nous étions partis du constat par Heidegger de ce que le temps et l'histoire sont conçus comme « un déroulement que nous posons à l'écart de nous », de sorte que « même notre propre présent est conçu comme quelque chose de posé à l'écart, qui se déroule et se joue devant nous ». Il apparaît que cet état de fait n'est pas compréhensible indépendamment de l'extraction de l'existant hors du « monde de l'ouvrage », de la transformation du travailleur en un sujet possesseur de capacité de travail, de la séparation de ce sujet à l'égard de toutes les conditions objectives du travail, elles-mêmes transformées en propriétés du capital et, enfin, de la transformation du monde de l'ouvrage lui-même en un stock d'outils destinés non

---

1. *Prolégomènes*, p. 276.

au travail mais à la valorisation du capital. Il faut cette extraction du travailleur hors du monde, il faut cette séparation d'avec le monde qui fait de lui un sujet privé de monde, pour que le monde lui-même puisse devenir celui de la reproduction du capital se valorisant lui-même indéfiniment – c'est-à-dire un monde dans lequel l'existant est empêché d'advenir et qu'il ne peut plus voir que comme un déroulement qui se produit à l'écart de lui ou comme le présent d'un monde qui se déroule devant lui et sans lui. Poursuivre notre enquête dans cette direction, c'est devoir passer de Heidegger à Marx et compléter le premier par le second.

CHAPITRE II

L'ESPACE DU CAPITAL ET LE TEMPS DE LA VALEUR

Que le travail ait un rapport au temps, c'est de l'ordre de l'évidence, mais que ce rapport du travail au temps lui soit essentiel, et non pas seulement accidentel, est déjà moins facile à établir. Et ce qui l'est encore moins, c'est d'établir que le rapport du travail au temps soit tel qu'il consiste en réalité à faire entrer les hommes dans une temporalité historique, que le travail soit ce par quoi les hommes inaugurent une temporalité historique. Avant Marx et Heidegger, celui qui s'est approché au plus près de cette idée est certainement Hegel, notamment dans la *Phénoménologie de l'esprit*[1] où ce rapport essentiel du travail au temps apparaît par contraste avec la simple consommation : travail et consommation ont en commun d'être des rapports négatifs à l'objet, mais, dans le cas de la consommation, ce rapport négatif se réalise dans l'annihilation immédiate et sans délai de la chose, tandis que, dans le cas du travail, le rapport négatif à la chose se stabilise et donc se pérennise dans le temps : « Le travail est un désir *réfréné*, un disparaître *arrêté*, ou [encore] : il *forme* ou *cultive* ; la relation négative à l'objet devient la *forme* de celui-ci et quelque chose de *permanent*, parce que, précisément, pour le travailleur, l'objet a une subsistance par soi »[2]. Dans et par le travail, le rapport négatif de la conscience à l'objet se

---

1. Et en réalité déjà avant cette œuvre, dans ses écrits de la période de Iéna (1802-1806) ; *cf.* ma contribution, à paraître dans un volume dirigé par Emmanuel Renault, sous le titre : « La "philosophie du travail" de Hegel ».

2. Hegel, *Phénoménologie de l'esprit, op. cit.*, p. 209.

dit au présent, et non plus seulement au passé comme dans le cas de la consommation : ce rapport obtient par là une subsistance et une durée dans le temps qui rendent aussi possible l'institution d'un monde humain, c'est-à-dire d'un monde de la culture, en l'occurrence celle de *l'homo faber*. Mais l'on voit que ce lien essentiel du travail au temps se laisse ici établir de manière complètement anhistorique : il est établi comme un rapport qui traverse toutes les formes que le travail peut prendre, et cela tout à fait indépendamment des types de sociétés au sein desquelles ce travail à lieu, de la manière dont il y est organisé et socialement divisé, et indépendamment aussi des moyens et du développement des outils utilisés pour travailler. Or les historiens ont montré que le rapport du travail au temps subit des transformations majeures selon la manière dont le travail est socialement organisé : le passage du travail agricole au travail industriel, le passage du travail à domicile au travail en manufactures, puis du travail en manufactures au travail en usines sont des évolutions qui se sont accompagnées de transformations fondamentales du rapport du travail au temps. On est ainsi passé d'un « travail orienté par la tâche », c'est-à-dire d'un temps de travail substantiellement lié au type de la tâche accomplie, à un temps de travail abstrait et quantifiable tout à fait indépendamment de la tâche accomplie, ou encore, on est passé d'un travail essentiellement irrégulier dans le temps (alternant de façon imprévisible des périodes d'intense labeur avec des périodes d'oisiveté) à un travail régulier, organisé et discipliné[1]. Je voudrais montrer ici non seulement que Marx s'est intéressé à de telles transformations directement liées à l'apparition de la société capitaliste, mais qu'il a donné à son analyse du rapport que le capital et le travail entretiennent avec le temps une ampleur philosophique qui reste aujourd'hui encore souvent insoupçonnée. Un des apports philosophiques majeurs de sa pensée est certainement d'avoir établi non seulement que, dans l'époque dominée par le capital, l'être de toute chose est essentiellement interprété comme « valeur », mais qu'en outre la « valeur »

---

1. Sur tout cela, voir le célèbre article d'Edward P. Thompson, « Temps, discipline du travail et capitalisme industriel » (1967), traduction en un volume portant le même titre par I. Taudière et A. Maillard, Paris, La Fabrique éditions, 2004.

est elle-même fondamentalement une détermination temporelle. Il s'agira donc de préciser quel est le type de détermination de temps engendré par et dans des sociétés où règne le processus de la valorisation capitaliste.

LA DYNAMIQUE SPATIALE DU CAPITAL

Le lien entre le capital et le temps n'est pas ce qui saute immédiatement aux yeux; on aperçoit en revanche beaucoup plus clairement le lien que le capital entretient avec l'espace. La dynamique du capital apparaît en effet d'abord comme une dynamique essentiellement spatiale, au sens où cette dynamique est d'abord géographique: à partir de quelques centres où s'est réalisée une première accumulation de capital[1] (Venise, les Provinces Unies, les cités hanséatiques), le nouveau mode de valorisation de la richesse s'est progressivement diffusé en exerçant son emprise sur des territoires de plus en plus vastes et en franchissant les océans. C'est sur cette dynamique spatiale et géographique que Marx et Engels insistaient dès le *Manifeste du parti communiste*: «La découverte de l'Amérique, la circumnavigation de l'Afrique offrirent à la bourgeoisie naissante un nouveau champ d'action; les marchés de l'Inde et de la Chine, la colonisation de l'Amérique, le commerce colonial, la multiplication des moyens d'échange et, en général, des marchandises donnèrent un essor jusqu'alors inconnu au négoce, à la navigation, à l'industrie et assurèrent, en conséquence, un développement rapide à l'élément révolutionnaire de la société féodale en dissolution»[2]. D'abord spatiale, la diffusion du capitalisme joue un rôle essentiel d'unification de toutes les régions du globe, et donc de suppression tendancielle de toutes les limites et barrières spatiales et géographiques. D'où l'insistance de Marx sur les moyens techniques (navigation, chemin de fer, moyens de communication) qui ont permis d'unifier l'espace en abolissant les barrières géographiques: «par le rapide perfectionnement des instruments de production et l'amélioration infinie des moyens de

---

1. Certes pas par les vertus de l'épargne, mais par la spoliation, le vol et l'expropriation.
2. Marx-Engels, *Manifeste du parti communiste*, Paris, Éditions sociales, 1954, p. 29-30.

communication, la bourgeoisie entraîne dans le courant de la civilisation jusqu'aux nations les plus barbares; le bon marché de ses produits est la grosse artillerie qui bat en brèche toutes les murailles de Chine »[1].

Cet intérêt de Marx pour la dynamique spatiale du capital est tel qu'il me paraît difficile de soutenir qu'il y aurait chez Marx une sous-estimation de l'espace accompagnée d'une surestimation du temps, voire un primat du temps sur l'espace. C'est pourtant ce qu'affirme David Harvey dans sa *Géographie de la domination* : « Marx, Marshall, Weber et Durkheim ont ceci de commun qu'ils font passer le temps et l'histoire avant l'espace et la géographie »[2]. Ou encore, de façon cette fois un peu plus nuancée : « En maints endroits de ses écrits, Marx reconnaît effectivement l'importance de l'espace et du lieu (…); cela dit, aucun de ces aspects n'est véritablement intégré à ses formulations théoriques, fortes pour ce qui touche au temps, mais faibles quand il s'agit de l'espace; Marx rejette les variations géographiques comme des "complications superflues" »[3]. Pour affirmer cela, on peut évidemment s'autoriser de l'idée restée fameuse, formulée par Marx dans les *Grundrisse*, d'un « anéantissement de l'espace par le temps »[4]. Mais cette formule n'exprime aucunement une position philosophique de Marx lui-même, elle se contente de décrire les effets du développement sans précédent des moyens de transport et de communication sous le capitalisme : Marx parle ici de l'accroissement de la vitesse des échanges, et donc de la diminution du temps de circulation du capital en tant que cette diminution autorise une répétition plus rapide du procès de production. L'analyse de Marx se situe ici dans la suite directe de celles du *Manifeste* que nous venons de citer; il écrit en effet ceci : « Tandis donc que le capital tend, d'une part, nécessairement à abattre toutes les barrières spatiales qui s'opposent

---

1. Marx-Engels, *Manifeste du parti communiste*, *op. cit.*, p. 33.

2. D. Harvey, *Géographie de la domination*, trad. fr. N. Vieillescazes, Paris, Les Prairies ordinaires, 2008, p. 80. Voir aussi H. Lefebvre, *La production de l'espace*, Paris, Anthropos, 1986 (3ᵉ édition).

3. *Ibid.*, p. 82-83.

4. K. Marx, *Grundrisse*, trad. fr. J.-P. Lefebvre, Paris, Éditions sociales, 1980, t. 2, p. 32 (nous soulignons).

au trafic, c'est-à-dire à l'échange, et à conquérir la terre entière comme son marché, il tend d'autre part, à anéantir l'espace par le temps, c'est-à-dire à réduire à un minimum le temps que coûte le mouvement d'un lieu à un autre »[1]. L'anéantissement de l'espace par le temps désigne ici le raccourcissement des distances entre les différents points du marché qui est rendu possible par l'accélération des vitesses de circulation entre ces points, elle-même permise par le perfectionnement constant des moyens de transport et de communication. Ce que les *Grundrisse* ajoutent par rapport au *Manifeste*, c'est l'explication de cette tendance de fond du capital à réduire l'espace, et même à le nier pour lui substituer des vitesses mesurables en temps.

Ce que le capital vise constamment à nier et à réduire, ce sont les barrières qui freinent ou ralentissent son passage d'une phase à l'autre, en l'occurrence le passage de la phase de production à la phase de la circulation, puis de nouveau à la phase de production. Or, au regard de la création de valeur, si le temps de production est bien un temps qui pose de la valeur, le temps de circulation, en revanche, apparaît comme un « temps de dévalorisation » : le temps durant lequel le capital circule sous forme de marchandises est un temps qui, à la différence du temps de production, ne pose pas de valeur nouvelle, c'est du temps perdu pour le capital et sa logique de valorisation. « Le *temps de circulation* ne détermine donc la valeur que dans la mesure où il apparaît comme un *obstacle naturel* à la valorisation du temps de travail ; il est donc *en fait* une ponction sur le *temps de surtravail*, c'est-à-dire un accroissement du *temps de travail nécessaire* »[2]. C'est pourquoi ce temps de circulation doit, tout comme le temps de travail nécessaire, être ramené le plus possible à un minimum. Autrement dit, le temps durant lequel la marchandise circule pour accéder à son marché est un temps que le capital veut rendre le plus court possible parce que c'est un temps qui tombe du côté du travail nécessaire et qui, en tant que tel, n'est pas récupérable pour le surtravail. Il faut donc rendre ce temps le plus bref possible, et cela au bénéfice du temps de production, c'est-

1. *Ibid.*, p. 32.
2. *Ibid.*, p. 31.

à-dire au bénéfice du temps durant lequel sont engendrées la valeur et la survaleur. Et ce qui réduit directement ce temps et qui permet un retour le plus rapide possible à la production, c'est-à-dire la reproduction la plus rapide et la plus fréquente possible de la production elle-même (ou le plus grand nombre possible de cycles de production et donc de valorisation du capital), c'est le raccourcissement des distances par l'accélération de la vitesse de circulation, et c'est donc, tendanciellement, la négation de l'espace[1].

Mais cet « anéantissement de l'espace par le temps » n'est qu'un aspect de la question et ce fameux passage des *Grundrisse* doit être lu jusqu'au bout. A la fin d'une longue parenthèse ouverte juste après ses considérations sur le nécessaire raccourcissement du temps de circulation, Marx écrit en effet ceci : « Si nous revenons maintenant au *temps de circulation* du capital, le raccourcissement de celui-ci (dans la mesure où il n'est pas développement des moyens de communication et de transports nécessaires pour amener le produit sur le marché) est en partie *création* d'un marché continu, donc d'un marché toujours plus étendu ; en partie développement de rapports *économiques*, développement de formes du capital par lesquelles celui-ci raccourcit *artificiellement* le temps de circulation (*toutes les formes du crédit*) »[2]. Marx nous dit ici qu'en reprenant la question du temps de circulation du capital *sous un autre angle* que celui de l'accélération de la vitesse d'accès des marchandises au marché, alors deux nouveaux aspects apparaissent qui permettent aussi la réduction du temps de circulation : d'une part *l'extension et l'unification du marché*, d'autre part l'augmentation *artificielle* de la vitesse de circulation du capital par la mobilisation des différentes

---

1. *Cf.* D. Harvey, *Géographie et capital*, Paris, Syllepse, 2010 : « le capitalisme est contraint à une accélération du temps de rotation, à l'augmentation de la vitesse de circulation du capital » (p. 246), de sorte que « le capitalisme est contraint d'éliminer toutes les barrières spatiales, "d'anéantir l'espace par le temps", comme le dit Marx » (p. 247), ce qu'il ne peut faire « qu'à travers la production d'un espace stabilisé », et notamment par « la construction d'une infrastructure fixe destinée à faciliter le mouvement » (*ibid.*), ce qui a pour effet : 1) « la réduction du coût et du temps de mouvement dans l'espace », « l'affranchissement du mouvement des marchandises et des gens des résistances liées à la distance », 2) qu'« une part toujours plus grande du capital s'immobilise dans l'espace » (*ibid.*), notamment sous la forme des infrastructures urbaines, routières, autoroutières, portuaires et aéroportuaires.

2. K. Marx, *Grundrisse*, *op. cit.*, t. 2, p. 34-35.

formes du crédit, ce qui implique le développement du capital financier. C'est évidemment le premier point qui nous intéresse ici, dans la mesure où il permet d'exprimer l'une des contradictions du capital, sous l'angle précis du rapport entre le temps et l'espace : la même nécessité de réduire le temps de circulation et d'augmenter la fréquence du retour à la phase de la production engendre d'une part l'anéantissement de l'espace par le temps et l'accélération des vitesses de communication et de transport, mais d'autre part aussi, en même temps et *contradictoirement*, une re-spatialisation, c'est-à-dire une réaffirmation ou une nouvelle position de l'espace qui prend la forme à la fois d'une extension et d'une unification du marché mondial.

L'anéantissement de l'espace par le temps – dont on fait grand cas – est donc en réalité tout relatif, il n'est qu'un aspect d'un processus contradictoire en lui-même dont l'autre face atteste que ce même processus est aussi et tout autant un processus spatialisant. En ce sens, le capital abolit moins l'espace qu'il ne le transforme : il tend à créer un espace lisse et le plus homogène possible, sans obstacles ni barrières en lui, unifiant les espaces naturellement séparés, supprimant les différences qualitatives entre les espaces et les ramenant à un seul et même espace abstrait et homogène. Étendre, unifier, mettre en continuité : autant d'opérations qui attestent non seulement que le capital n'effectue pas uniquement une négation de l'espace par le temps, mais qu'il possède bien en même temps une dimension spatiale propre, et qu'il opère spatiale-ment en maximisant l'extension, la continuité et l'unité de l'espace – bref qu'il est une force de reconfiguration spatiale. Dans ces conditions, on peut dire, en première approche, non seulement qu'il n'y a pas de primat du temps sur l'espace chez Marx lui-même, mais que son analyse du capital n'aboutit pas unilatéralement à l'idée selon laquelle le déploiement du capital impliquerait une négation de l'espace par le temps : ce déploiement possède une dimension spatiale aussi importante que la dimension temporelle, il modifie les rapports de l'espace et du temps et réaménage l'espace lui-même. Et non seulement on ne peut isoler l'idée d'un anéantissement de l'espace par le temps, et être par là conduit à penser que la dynamique capitaliste serait, selon Marx, davantage temporelle que spatiale, mais, en outre, il semblerait même qu'on puisse soutenir le contraire et montrer que Marx pose un rapport essentiel entre le capital et l'espace : il y aurait ainsi selon Marx une dimension d'abord spatiale du capital.

C'est au demeurant de cette dimension spatiale du capital que Marx part immédiatement dans le livre 1 du *Capital*, et cela dès la première phrase : affirmer, comme il le fait, que « la richesse des sociétés dans lesquelles règne le mode capitaliste de production apparaît comme une gigantesque accumulation de marchandises »[1], c'est aussitôt indiquer que le capitalisme est d'abord une énorme accumulation ou collection (*Sammlung*) de choses dans l'espace. Mais, comme on sait, ces choses ne sont pas n'importe quelles choses, ce sont des *marchandises*, c'est-à-dire des choses de valeur. On est alors tenté de penser que la dimension spatiale de l'accumulation des choses-marchandises relève de la réalité *matérielle* de ces choses, et donc de la dimension en vertu de laquelle les marchandises possèdent une valeur d'usage qui est inséparable de leur *contenu* de choses. L'aspect spatial ne concernerait pas ces mêmes choses considérées sous l'angle de leur *forme*-valeur qui fait d'elles à proprement parler des marchandises : cette forme-valeur serait au contraire directement liée à la dimension temporelle puisque la source de cette valeur est une certaine quantité de travail humain mesuré par unités de temps. Les deux faces de la marchandise, sa valeur d'usage et sa valeur (d'échange), renverraient donc à la distinction de l'espace et du temps : en tant que valeur d'usage, la marchandise possède une réalité matérielle en vertu de laquelle elle est immédiatement une réalité inscrite dans l'espace, et c'est uniquement sa forme-valeur qui conférerait à la marchandise une détermination de temps.

On ne peut pourtant s'en tenir à cette première analyse parce qu'il faut aussitôt se demander quelle est la nature ou le type de cette détermination de temps propre à la marchandise en tant que chose de valeur. Il faut pour cela revenir à la substance commune à toutes les marchandises, à ce qui fait d'elles des marchandises ou des choses

---

1. K. Marx, *Le capital*, Livre 1, traduction sous la direction de J.-P. Lefebvre, Paris, P.U.F., 1993, p. 39.

de valeur : « Cette substance commune à toutes les marchandises, c'est-à-dire (...) leur substance non en tant que matière organique, donc comme détermination physique, mais leur substance commune en tant que *marchandises* et, partant, en tant que *valeurs d'échange*, c'est d'être du *travail objectivé* »[1]. Or qu'est-ce que du « travail objectivé » ? C'est du travail humain accumulé, aggloméré, déposé dans une chose, bref c'est du travail déposé et présent dans l'espace. Autrement dit la substance commune aux marchandises et qui fait d'elles des choses de valeur est de nouveau une détermination essentiellement spatiale : c'est le travail humain accumulé en ces choses, objectivé en elles et donc spatialisé par elles ; le travail humain abstrait comme substance de la valeur ne joue son rôle qu'en se spatialisant dans ces choses auxquelles il confère de la valeur. Mais, me direz-vous, ce travail humain abstrait aggluté dans les marchandises et source de leur valeur, c'est du travail humain quantifiable et qui n'est quantifiable et mesurable que par le temps. Donc la valeur a essentiellement à voir avec le temps, et sa forme spatiale en tant que travail objectivé dans l'espace n'est que la forme (inessentielle) de son apparaître. Je repose donc la question : quel est ce temps ou quel est le type de temps qui sert à quantifier le travail humain objectivé et donc la valeur des marchandises ? La réponse de Marx est claire : c'est du temps *passé*, du temps *révolu*. « La seule chose, écrit Marx, qui diffère du *travail objectivé*, c'est le travail *non objectivé*, mais encore en train de s'objectiver, le *travail* en tant que subjectivité ; ou encore, on peut opposer le *travail objectivé*, c'est-à-dire *présent dans l'espace* [*räumlich vorhanden*] en tant que *travail passé*, au travail *présent dans le temps* [*zeitlich vorhanden*] »[2]. Le travail objectivé, cette substance commune constitutive de la valeur des marchandises, est donc un travail qui n'est spatialisé que dans la mesure même où il est un travail passé : le temps en fonction duquel est mesuré la quantité de travail objectivé, et donc la valeur, est un temps passé et révolu, c'est le temps qu'il *a fallu* à une force

---

1. K. Marx, *Grundrisse, op. cit.*, t. 1, p. 213. Même chose dans *Le capital*, Livre 1, *op. cit.*, p. 43.
2. K. Marx, *Grundrisse, op. cit.*, t. 1, p. 213.

de travail conforme à la moyenne sociale pour produire cette marchandise.

Où l'on voit que la distinction entre un travail objectivé et, comme tel, présent dans l'espace, et un travail qui serait présent dans le temps, un travail en train de se faire (c'est-à-dire ce que Marx appelle le « travail vivant »), se redouble et se complique de la distinction entre un travail passé et un travail présent, entre un travail révolu et un travail actuel, en cours et à l'œuvre. Il apparaît alors que ce le capital connaît et en quoi il consiste lui-même essentiellement, c'est en une certaine quantité d'un travail passé (tellement passé qu'il est même mort), d'un travail révolu et accumulé, et donc d'un travail spatialisé. Face au travail passé, accumulé et spatialisé en quoi consiste le capital, se tient le travail présent, le travail actuel, le travail qui œuvre activement et actuellement. Mais il apparaît immédiatement que, dès que ce travail actuel, vivant et actif se manifeste *comme tel*, alors il s'objective et tombe du même coup aussitôt sous l'emprise simultanée et de l'espace et du capital. Ce travail vivant et actuel ne peut donc faire face au capital que comme simple capacité ou possibilité, ce que Marx précise aussitôt dans les termes suivants : « Pour autant qu'il est censé exister dans le temps comme travail vivant, il n'est présent qu'en tant que *sujet vivant* au sein duquel il existe comme capacité, comme possibilité, et, partant, comme *travailleur* »[1]. Dès que cette possibilité se réalise ou commence seulement à se réaliser, dès que cette capacité s'actualise ou commence à s'actualiser, c'est-à-dire dès que cette subjectivité commence à s'objectiver dans un procès de travail effectif, elle tombe immédiatement sous le contrôle et le commandement du capital.

Cela signifie qu'on ne peut pas se contenter de l'opposition entre, d'une part, le capital comme travail passé accumulé, objectivé et spatialisé et, d'autre part, le travail vivant, actuel et présent : en tant qu'il est actuel, c'est-à-dire à l'œuvre et en train de s'objectiver, le travail est *déjà* passé sous l'emprise du capital. Ce que le capital fait au travail en l'utilisant pour se valoriser est donc plus complexe qu'à première vue : l'opposition qu'il institue n'est pas entre travail

---

1. K. Marx, *Grundrisse, op. cit.*, t. 1, p. 213.

passé et travail présent, mais entre le travail passé et présent d'une part, et, d'autre part, le travail à venir, c'est-à-dire le travail comme capacité de travail ou comme possibilité d'un travail futur. La position du travail comme force de travail, c'est-à-dire son institution en tant que *capacité* de travail est indissociable de sa transformation en travail *à venir*, en une capacité de travail susceptible de s'actualiser à l'avenir *si et seulement si* les conditions de cette actualisation lui sont fournies – et elles ne peuvent l'être que par le capital lui-même. Il faut donc dire que l'opposition entre le capital et le travail prend la forme de l'opposition entre le travail passé (le travail comme travail accumulé, objectivé) et le travail à venir (le travail comme capacité ou force de travail), et que ce dont le capital a besoin, c'est du travail présent, actuel et vivant. Le dispositif est donc tel que le capital ne peut mettre la main sur *le travail présent et vivant*, et le faire fonctionner à son bénéfice comme source de la valeur et de la survaleur, qu'à la condition de le soumettre à une double opération temporelle : premièrement le considérer comme une certaine *capacité de travail à venir* et, deuxièmement, poser que la valeur de cette capacité est égale à une certaine *quantité de travail passé* et accumulé (à savoir une valeur égale la quantité de travail passé accumulée dans les marchandises nécessaires en moyenne à la reproduction de la capacité de travail).

Autrement dit, ce que connaît le capital et ce en quoi il consiste essentiellement lui-même, c'est en une accumulation, une objectivation et une extension spatiales, mais ce dont il a absolument besoin (et qu'il ne peut trouver qu'en dehors de lui-même, dans ce qui lui fait face), c'est d'un déploiement temporel en acte et effectivement à l'œuvre : « Le capital est du travail mort qui ne s'anime qu'en suçant tel un vampire du travail vivant, et qui est d'autant plus vivant qu'il en suce davantage »[1]. Le capital doit donc capter le temps du travail vivant pour le transformer dans le temps de sa propre valorisation – valorisation qui retombe aussitôt dans la forme spatiale propre au capital et qui se traduit par l'extension et l'emprise spatiales toujours plus vastes du capital (d'où le fait,

---

1. K. Marx, *Le capital*, Livre 1, *op. cit.*, p. 259.

comme dit Marx, que « la tendance à créer le *marché mondial* soit immédiatement donnée dans le concept de capital »[1]).

LA SPATIALISATION DU TEMPS

Ce qui nous conduit à la thèse fondamentale selon laquelle, pour le capital, « le temps lui-même est considéré comme espace »[2] : le capital ne peut pas se rapporter au temps autrement qu'en le spatialisant. Et c'est là une manière d'exprimer la contradiction qui habite le capital, ou la contradiction que le capital est lui-même : étant de nature essentiellement spatiale et étendue, le capital est renvoyé à ce qu'il n'est pas, à son autre, c'est-à-dire au temps, mais il ne peut pas se rapporter au temps comme tel, et dès qu'il s'y rapporte, c'est inévitablement en le niant comme temps, et donc en le spatialisant. Cette tendance fondamentale du capital à spatialiser le temps s'illustre d'un exemple très précis. On sait que le capital désigne un mode de production dont la spécificité historique remarquable est qu'il n'est pas ordonné à la production de valeurs d'usage, de choses utiles, de richesse matérielle, mais à la production de la valeur et de la survaleur. C'est la raison pour laquelle le capital doit constamment réduire la part utile du travail et augmenter celle du travail comme créateur de valeur. Pour cela, le capital commence par prolonger la durée de la journée de travail jusqu'aux limites naturelles (au-delà desquelles la force de travail serait épuisée au point de ne plus pouvoir se reproduire); ces limites atteintes du côté de l'extraction de la survaleur absolue, il reste la possibilité, sur la journée de travail, de réduire au minimum la part du travail nécessaire et utile (équivalent au prix de la force de travail) et d'augmenter au maximum la part du surtravail, c'est-à-dire la partie de la journée de travail durant laquelle le travail produit de la valeur (survaleur relative). Mais quand cette solution là est elle aussi explorée au maximum (c'est-à-dire au maximum des moyens techniques dont on dispose à un moment donné), quelle possibilité reste-t-il au capital pour continuer d'accroître la création de valeur? Il lui reste

---

1. K. Marx, *Grundrisse*, *op. cit.*, t. 1, p. 347.
2. *Ibid.*, p. 338 (nous soulignons).

une possibilité dont l'exploration rend à nouveau manifeste la nature inévitablement spatialisante du capital : il n'a en effet plus d'autre solution que de *juxtaposer spatialement* le plus grand nombre possible de journées de travail, ou, comme dit Marx, « d'ajouter dans l'espace *plus de journées de travail simultanées* »[1]. C'est-à-dire que le capital n'a pas d'autre solution que d'augmenter la part de la population qui travaille.

Mais c'est là, pour le capital, à la fois une solution inévitable et une solution qui le place nécessairement en contradiction avec lui-même : lui qui tend constamment à réduire et à nier la part du travail nécessaire et utile afin d'augmenter la part du travail créateur de valeur, est en même temps obligé de mettre la plus grande part possible de la population au travail, et donc d'accroître socialement la quantité de travail nécessaire. La contradiction est ici celle qui consiste à vouloir accroître constamment la quantité de travail créateur de valeur, et donc la quantité de surtravail au détriment du travail nécessaire, alors même que le surtravail ne peut exister comme tel que relativement au travail nécessaire : « Le capital est lui-même la contradiction qui tient à ce qu'il cherche constamment à supprimer le *temps de travail nécessaire* (…), mais que le *temps de surtravail* n'existe que d'une façon oppositive, uniquement en opposition au temps de travail nécessaire ; donc que le capital pose le temps de travail nécessaire comme *nécessaire* pour les conditions de sa reproduction et de sa valorisation »[2], tandis que, en même temps, ce sont justement cette reproduction et cette valorisation qui impliquent la négation du temps de travail nécessaire. Exprimée du point de vue du temps et de l'espace, cette contradiction consiste en ce que c'est sa propre quête du maximum de temps de travail créateur de valeur qui conduit le capital à accumuler dans l'espace de plus en plus de travail nécessaire sous la forme de la juxtaposition spatiale du plus grand nombre possible de journées de travail, et donc à mettre la plus grande part possible de la population au travail dans les usines de la grande industrie : « Le surtravail n'existe que par rapport au travail nécessaire, donc dans la seule mesure où

1. *Ibid.*, p. 338.
2. *Ibid.*, t. 2, p. 35-36.

celui-ci existe; c'est pourquoi le capital doit constamment poser du travail nécessaire pour poser du surtravail; il doit l'augmenter (augmenter notamment les journées de travail *simultanées*) pour pouvoir augmenter le surplus; mais il lui faut tout autant l'abolir comme travail nécessaire pour le poser comme surtravail»[1]; de sorte que, en contradiction avec la tendance précédente, le capital tend aussi à réduire constamment le nombre de travailleurs nécessaires: la conciliation de ces deux tendances contradictoires ne peut mener à rien d'autre qu'à la constitution d'une «armée industrielle de réserve»[2], c'est-à-dire d'une masse de main d'œuvre disponible et inemployée. La même chose peut se dire encore autrement: le capital est le mode de production qui réduit le travailleur à rien (c'est-à-dire à une simple puissance ou capacité de travail), mais qui, en même temps, démultiplie et accroît la quantité et le nombre de travailleurs dans des proportions qui sont inconcevables dans n'importe quel autre mode de production, et qui prennent la forme spatiale de l'amoncellement de la main d'œuvre disponible dans des conurbations de plus en plus vastes – processus plus actuel que jamais et qui prend sous nos yeux la forme (spatiale s'il en est!) de ce que Mike Davis appelle le «bidonville global»[3].

Voilà qui amène à comprendre que l'extension spatiale du capital est un trait décisif de la forme de domination sociale qu'il incarne et exerce. Le règne tyrannique de la valeur se manifeste et apparaît comme une accumulation spatiale de plus en plus énorme de travail objectivé: plus cette masse de travail objectivé s'accroît, plus elle s'autonomise, et plus elle domine le travail réduit à la seule capacité subjective et vivante de travail. Ce que Marx explique de la façon suivante: «Le fait que, dans le développement des forces productives du travail, les conditions objectives du travail, le travail objectivé, doivent croître par rapport au travail vivant (…), ce fait apparaît du point de vue du capital non pas de telle sorte que l'un des

1. K. Marx, *Grundrisse*, *op. cit.*, t. 1, p. 338.

2. K. Marx, *Le Capital*, Livre 1, chap. XXIII, 3, *op. cit.*, p. 705 *sq.* L'expression «d'armée industrielle de réserve» n'est pas de Marx, mais d'Engels qui l'utilise pour la première fois dès 1845 dans *La situation de la classe laborieuse en Angleterre*.

3. M. Davis, *Le pire des mondes possibles. De l'explosion urbaine au bidonville global*, trad. fr. J. Mailhos, Paris, La Découverte, 2006.

moments de l'activité sociale (le travail objectif) devienne le corps de plus en plus puissant de l'autre moment, du travail subjectif, vivant, mais au contraire que les conditions objectives du travail acquièrent, face au travail vivant, une autonomie de plus en plus gigantesque, qui se manifeste par leur *extension*[1] même, et que la richesse sociale se présente face au travail comme puissance étrangère et dominatrice dans des proportions de plus en plus fortes »[2]. Le terme le plus important ici est certainement celui d'extension : ce passage montre que l'aliénation – puisque c'est bien de cela que Marx parle ici – prend sous le capital la forme spatiale d'une accumulation de plus en plus grande de travail objectivé détaché de la force de travail, c'est-à-dire rendu de plus en plus autonome à l'égard du travail, lui-même réduit à une simple capacité subjective de travail. Et loin que cette quantité de travail accumulé et objectivé puisse être utilisée par la force de travail comme le moyen de plus en plus développé de sa propre réalisation et de son propre accomplissement, elle apparaît au contraire comme son autre et comme ce qui la domine de plus en plus massivement. Mais pour que, justement, le travail objectivé (c'est-à-dire le capital) n'apparaisse pas comme « le corps objectif de l'activité » qu'est le travail social, il faut que l'activité effective soit elle-même déjà détachée du travail – ce qui veut dire qu'il faut que le travail ne soit plus rien d'autre qu'une simple force ou une simple capacité subjective de travail : c'est ce qui permet que, lorsque la force est effectivement mise en œuvre, ou lorsque la simple capacité devient activité, cette activité ne soit déjà plus celle du travail et qu'elle soit déjà celle du capital. Tout le procès de travail (y compris l'entrée en contact du travail vivant avec ses objets) se déroule sous la présupposition de sa condition initiale – à savoir la séparation entre le travail dans son existence seulement subjective, c'est-à-dire comme simple capacité de travail, et les conditions objectives de sa propre réalisation – et de la nécessaire reproduction de cette condition initiale. Le « présupposé historique » est toujours « que le travailleur soit trouvé là comme travailleur libre, puissance de travail sans objectivité,

---

1. Nous soulignons.
2. K. Marx, *Grundrisse*, t. 2, p. 323.

purement subjective, face aux conditions objectives de la production en tant qu'elles sont sa *non-propriété, propriété d'autrui*, capital »[1]. Non seulement cette condition initiale est maintenue, n'est pas abolie, mais elle doit nécessairement être reproduite au terme du procès. Et non seulement le caractère fondamental de la capacité de travail, à savoir qu'elle est « sans objectivité » (*gegenstandslos*), doit être reproduit au terme du procès, mais il ressort de ce procès à chaque fois d'autant plus accentué et accusé (« reproduit sur une base élargie ») que la puissance de travail, en s'exerçant comme travail vivant, a encore accru la valeur de l'ensemble de ces conditions objectives en quoi consiste le capital.

En d'autres termes : sous le capital, les choses sont ainsi disposées que le travail, comme puissance temporalisante, créatrice de richesses et tournée vers l'avenir, est forcé de reproduire les conditions de sa propre domination par son autre, c'est-à-dire par l'espace, ou par le passé et par le présent en tant qu'ils ont la subsistance d'une présence spatiale. C'est bien là « l'inversion qui caractérise en propre la production capitaliste », à savoir « la perversion même du rapport du travail mort au travail vivant, de la valeur à la force créatrice de valeur »[2] : au lieu que le travail mort et objectivé soit l'instrument, l'outil dont se sert le travail vivant comme il se servirait de son propre corps organique, c'est exactement l'inverse qui se produit. Le travail mort et objectivé dans les moyens de production se présente, sous le capital, comme « un moyen d'accaparer du travail d'autrui » : c'est le travail vivant qui est consommé par le travail objectivé et mort, c'est l'espace qui consomme le temps en ce que le capital a besoin du temps pour en faire le temps de sa propre valorisation – mais il ne peut consommer le temps sans le spatialiser, et donc sans le nier comme temps.

Tout cela nous permet de comprendre que Lukacs n'a pas eu tort d'attribuer au capitalisme une nature essentiellement statique et spatiale, ce qui l'a conduit à faire du point de vue dynamique, temporel et historique le point de vue à partir duquel peut être effectuée une critique du capitalisme. Ce que Lukacs a bien vu, en se fondant

1. K. Marx, *Grundrisse*, t. 1, p. 436.
2. K. Marx, *Le Capital*, Livre 1, éd. citée, p. 348.

sur les analyses que Marx mène dans le chapitre sur « La machinerie et la grande industrie » dans le Livre 1 du *Capital*, c'est la manière dont l'introduction de la machine renforce encore la domination du travail mort sur le travail vivant, et a donc pour effet de renforcer également l'emprise de l'espace sur le temps : devenue un appendice et un accessoire de la machine, la force de travail est entièrement soumise à cette dernière, ce qui signifie notamment qu'elle est d'abord soumise au rythme même de la machine qui devient elle-même l'instrument d'une mesure exacte de l'activité des travailleurs. La mesure du temps de travail par la machine elle-même rend réelle l'abstraction du travail humain qui est la source de la valeur et de la survaleur : face à la machine, il faut dire que « l'ouvrier ici n'est plus que du temps de travail personnifié » [1] et « qu'un homme d'une heure vaut un autre homme d'une heure ». D'où Lukacs conclut que « le temps perd ainsi son caractère qualitatif, changeant, fluide : il se fige en un *continuum* exactement délimité, quantitativement mesurable (…) : en un espace » [2]. En d'autres termes, le temps socialement et historiquement engendré par le capital, c'est le temps des machines, c'est-à-dire le temps de la science et de la physique : c'est « le temps abstrait, exactement mesurable, le temps qui est devenu l'espace de la physique » [3]. Et ce temps quantifiable et spatialisé de la grande industrie capitaliste ne serait pas autre chose, selon Lukacs, que le produit et le résultat de la captation du temps vivant, « fluide et qualitatif » propre à la force de travail, et cela à une échelle rendue elle-même encore plus gigantesque par le développement même de la machinerie industrielle.

LE PRÉSENT COERCITIF

En ce sens la domination de la machine sur la force de travail est l'expression visible de la domination de l'espace sur le temps, et, au sein même du temps, de la domination du présent sur l'avenir. Car,

---

1. K. Marx, *Le Capital*, Livre 1, p. 271.

2. G. Lukacs, *Histoire et conscience de classe*, trad. fr. K. Axelos et J. Bois, Paris, Minuit, 1960, p. 117.

3. *Ibid.*, p. 118.

au sein de ce temps spatialisé propre au capital, c'est toujours la dimension du présent, de la présence et de la subsistance qui est dominante : cette prédominance du présent, au sein d'un temps qui est essentiellement statique et spatialisé, est elle-même directement liée à la dimension de la valeur en tant que celle-ci est une quantité de travail social nécessaire en moyenne à un moment donné du temps, et une quantité de travail qui est à son tour mesurée au moyen d'unités égales de temps abstrait (par exemple l'heure). C'est donc à très juste titre que Moishe Postone écrit – dans une formule de grande portée philosophique – que « la valeur est une expression du temps en tant que présent »[1], en ce sens que la valeur est une mesure de la dépense *actuelle* de temps de travail social, telle que cette dépense est requise dans les conditions actuelles de la production, au niveau actuel du développement des forces productives et selon le degré de productivité sociale du travail atteint au moment actuel et présent de son développement.

Il y a donc une dimension normative et même coercitive du présent : sous le règne du capital et de la valeur, les producteurs sont forcés et contraints d'être au présent ou « d'être de leur temps », comme le dit M. Postone. Ce qui signifie qu'ils ne doivent pas seulement travailler et produire en se conformant à une norme temporelle abstraite (l'heure de travail), mais qu'ils doivent aussi travailler en dépensant pour la fabrication de tel ou tel produit une quantité de temps de travail qui soit le plus possible conforme à la quantité de travail qui est *actuellement* socialement nécessaire en moyenne. C'est ce que montre l'exemple du tisserand anglais qui continue à travailler à la main après l'introduction du métier à tisser à vapeur[2]. Cette nouvelle machine a eu pour effet « qu'il ne fallait plus que la moitié du travail qu'il fallait auparavant pour transformer une quantité de fil donnée en tissu » : on a donc à faire à un changement matériel dans la production qui a pour effet d'augmenter la productivité du travail, et, en l'occurrence de la doubler. Quelle conséquence cela a-t-il pour le tisserand qui continue

1. M. Postone, *Temps, travail et domination sociale. Une réinterprétation de la théorie critique de Marx*, trad. fr. O. Galtier, L. Mercier, Paris, Mille et une nuits, 2009, p. 436.
2. K. Marx, *Le Capital*, Livre 1, p. 44.

à travailler avec son ancien métier à main ? Que la grandeur de valeur du produit de son travail s'en est trouvée divisée par deux puisque « le produit de son heure de travail ne représentait plus désormais qu'une demi-heure de travail social et tombait du même coup à la moitié de sa valeur antérieure »[1]. Voilà donc ce qui arrive à celui qui retarde relativement au nouveau présent tel que sociale-ment et normativement reconfiguré par l'invention et l'entrée en fonction du métier à tisser à vapeur : d'où la nécessité, c'est-à-dire la contrainte sociale pour ce travailleur de se soumettre au nouveau présent – ou de disparaître. Où il faut voir que ce nouveau présent est celui de la valeur – la valeur s'exprimant toujours au présent et ne connaissant que le présent. Car ce nouveau présent est celui d'une nouvelle quantité normative de travail social moyen, d'une nouvelle norme de temps de travail socialement nécessaire.

La question ici est néanmoins de savoir si, au regard de la valeur, il s'agit vraiment d'un « nouveau » présent, différent du précédent, c'est-à-dire du moment historique antérieur où régnait le métier à tisser manuel. La réponse de Marx sur ce point est clairement et nettement négative : « Un changement, écrit-il, dans la force pro-ductive n'affecte pas en lui-même le travail exprimé dans la valeur (…) ; c'est pourquoi dans les mêmes laps de temps, le même travail donne toujours la même grandeur de valeur, quelles que soient les variations de la force productive »[2]. Ce passage du chapitre 1 du Livre 1 du *Capital* est à première vue énigmatique. Comment Marx peut-il soutenir qu'un changement dans la productivité du travail, permettant par exemple de produire en une heure deux fois plus de produits qu'avant, ne modifie pas la grandeur de valeur produite elle-même ? A première vue, on se dit que, si un changement techni-que a pour effet de doubler la force productive du travail ou le rendement du travail, cela veut dire que, dans un même laps de temps (disons une heure), il sera produit le double de valeur d'usage ou une quantité double de « richesse matérielle » ; mais la grandeur de valeur de cette quantité de richesse matérielle sera quant à elle divisée par deux puisque la quantité de temps de travail socialement

1. *Ibid.*, p. 44.
2. *Ibid.*, p. 52.

nécessaire en moyenne aura elle-même été divisée par deux grâce au doublement du rendement du travail. Certes, mais cela n'est vrai que de la valeur des biens produits par ceux qui ne s'adaptent pas au changement technique : c'est vrai, par exemple, de la valeur de la quantité de tissu produite par le tisserand qui n'adopte pas le métier à tisser à vapeur. Avant la machine à vapeur, il produisait en une heure 20 aunes de tissu qui avaient une valeur = x ; après l'introduction de la machine à vapeur, il produit toujours ses 20 aunes de tissu en une heures, mais elles n'ont plus qu'une valeur = ½ x, puisque, désormais, la nouvelle machine permet de produire 40 aunes/heure.

Soit, mais ce n'est pas ce que Marx veut dire quand il écrit « qu'un changement dans la force productive n'affecte pas en lui-même le travail exprimé dans la valeur ». Ainsi que l'a très claire-ment montré Moishe Postone[1], ce qui intéresse Marx, c'est le temps de travail socialement nécessaire en moyenne en tant que norme sociale, et c'est de cette norme qu'il dit qu'elle n'est pas affectée par les changements qui interviennent dans la productivité du travail. Prenons les choses historiquement, phase par phase : avant le métier à tisser à vapeur, la norme est de 20 aunes de tissu/heure, et ces 20 aunes ont une valeur = x. Ensuite, le métier à vapeur apparaît, et certains l'adoptent, d'autres pas : la norme sociale continue d'être égale à 20 aunes/heure, au grand bénéfice de ceux qui adoptent la nouvelle machine et qui produisent ainsi en une heure une quantité de tissu dont la valeur = 2 x. C'est ainsi que, dans un troisième temps, ceux qui n'avaient pas aussitôt adopté la nouvelle machine sont finalement contraints de le faire, sous peine de disparaître : du coup, l'usage du métier à tisser à vapeur fixe une nouvelle norme sociale de la quantité de temps nécessaire en moyenne à la produc-tion du tissu. Du fait que cette norme nouvelle est devenue sociale et donc générale, la valeur de 40 aunes de tissu cesse d'être égale à 2 x et redevient égale à x. Du coup, en une heure de temps, une quantité double de richesse matérielle ou de valeur d'usage est certes pro-duite, mais la grandeur de valeur de cette richesse matérielle reste ou plutôt redevient identique à ce qu'elle était auparavant : Marx peut

1. M. Postone, *Temps, travail et domination sociale*, *op. cit.*, p. 424.

donc en effet écrire que, en vertu de la distinction fondamentale entre le travail concret (dont relève la productivité ou le rendement de la force de travail) et le travail abstrait (origine de la valeur), « dans le même laps de temps, le même travail donne toujours la même grandeur de valeur, quelles que soient les variations de la force productive ».

Il faut donc dire non seulement que la valeur s'exprime toujours au présent, mais qu'elle définit normativement ce qu'est le présent : M. Postone me paraît donc voir juste lorsqu'il note que « *la valeur est une expression du temps en tant que présent* » en ce sens qu'elle est « une mesure de et une norme coercitive pour la dépense de temps de travail immédiat, quel que soit le niveau historique de productivité »[1]. Par où on retrouve l'idée que le temps de la valeur et de la valorisation, c'est-à-dire du capital, est un temps figé, immobile et donc spatialisé : le temps de la valeur est celui d'un présent perpétuel qui agit comme une norme et qui possède la particularité de s'imposer aux agents de façon coercitive.

La question serait alors de savoir si l'on peut échapper à l'emprise coercitive du perpétuel présent de la valeur en puisant à la source d'une autre temporalité qui ne serait plus le temps figé et spatialisé de la pure présence propre à la valeur, mais une temporalité mouvante, fluide et dynamique. C'est ce que Lukacs a cru pouvoir faire en opposant au temps spatialisé du capital la dynamique temporelle de *l'histoire*.

---

1. *Ibid.*, p. 436.

CHAPITRE III

CAPITALISME ET VISION HISTORIQUE DU MONDE

Au-delà de l'épuisement de quelques-uns des thèmes élaborés par Lukacs dans *Histoire et conscience de classe*, comme par exemple sa conception du rôle historique dévolu au prolétariat compris comme «sujet-objet» de l'histoire, s'il y a une thèse centrale qui semble avoir persisté jusque dans le marxisme contemporain, c'est bien, me semble-t-il, la thèse relative à la nature spatiale ou spatialisante du capitalisme. Cette thèse avait déjà été reprise en France par Henri Lefebvre sous la forme d'une analyse de la production capitaliste de «l'espace abstrait»[1], et elle l'a été de nouveau plus récemment, par exemple par Fredric Jameson qui écrit, dans *La logique culturelle du capitalisme tardif*: «je pense que l'on peut soutenir, au moins empiriquement, que notre vie quotidienne, notre expérience psychique, nos langages culturels, sont aujourd'hui dominés par les catégories de l'espace plutôt que par les catégories du temps, comme c'était le cas dans la période précédente du haut-modernisme»[2]. Commentant Jameson, Perry Anderson écrit à son tour que «c'est l'espace qui commande l'imaginaire post-moderne»[3]: il reprend ainsi le diagnostic de Jameson à son compte, ne faisant que le nuancer légèrement quand il

---

1. H. Lefebvre, *La production de l'espace*, Paris, Anthropos, 1974, 2000[4].

2. F. Jameson, *Le postmodernisme. La logique culturelle du capitalisme tardif*, trad. fr. F. Nevoltry, Paris, Beaux-arts de Paris les éditions, 2007, p. 55.

3. P. Anderson, *Les orignes de la post-modernité*, trad. fr. N. Filippi, N. Vieillescazes, Paris, Les Prairies Ordinaires, 2010, p. 81.

note que, « dans la constitution de l'ère post-moderne, la domination de l'espace sur le temps est en constant déséquilibre ».

Nous avons là le diagnostic d'une spatialisation croissante de la vie sociale, des structures de la vie quotidienne, de la vie psychique et des rapports sociaux : ce diagnostic, quand il est fait par Fredric Jameson, est sensé valoir pour notre période contemporaine, à laquelle il donne, comme on sait, le titre de « post-modernité ». Mais le même diagnostic de spatialisation croissante avait d'abord été posé par Lukacs, et donc au beau milieu de la « modernité », à moins qu'il faille parler plutôt de l'orée du « haut-modernisme ». De ce point de vue là, il faudrait dire que la « post-modernité » n'a fait que poursuivre et sans doute approfondir et généraliser un processus entamé bien avant elle. Mais cette question de périodisation ne sera pas la nôtre ici, et je voudrais d'abord revenir sur le texte même de Lukacs, c'est-à-dire sur *Histoire et conscience de classe*, où se trouve exprimée avec force cette thèse d'une spatialisation croissante et d'une négation du temps par l'espace comprises comme deux phénomènes typiques des sociétés placées sous le règne du capital.

HISTORICISATION VS. SPATIALISATION, OU : LA « SOLUTION » DE LUKACS

Je commencerai par rappeler brièvement les termes mêmes dans lesquels Lukacs exprimait son analyse, pour ensuite examiner la pertinence pour nous aujourd'hui de la perspective ouverte par Lukacs en vue sinon d'échapper du moins de résister à cette spatialisation et à cette négation du temps mises en œuvre par le capitalisme : pour le dire clairement, peut-on encore aujourd'hui, comme Lukacs nous le proposait, chercher du côté de l'histoire ou, mieux, du côté de l'historicité une ressource pour résister au processus capitaliste de négation du temps par spatialisation ?

Bien qu'elle puisse paraître de prime abord relativement marginale, la question du rapport entre l'espace et le temps nous place en réalité immédiatement au cœur du dispositif théorique de Lukacs dans *Histoire et conscience de classe*. L'espace, ou plutôt la spatialisation est en effet inséparable de la réification dans la mesure où une conception spatiale de la société est une conception de laquelle est exclue la dimension du devenir : une conception spatiale fait de la société et des rapports sociaux des données naturelles trouvées là dans un espace neutre et sans qualité, alors que le devenir rapporte la société et les rapports sociaux à l'activité humaine en en faisant des produits ou des résultats : aussi Lukacs peut-il écrire que « c'est seulement quand le noyau de l'être s'est dévoilé comme devenir social que l'être peut apparaître comme un produit jusqu'ici inconscient de l'activité humaine, et cette activité à son tour comme l'élément décisif de la transformation de l'être »[1]. Or l'une des nombreuses manières dont se manifeste cette contradiction en marche qu'est le capitalisme, c'est qu'il est une formation sociale et un mode de production qui à la fois permet et invite à comprendre le « noyau de l'être » comme devenir social, et donc à le rapporter au déploiement de l'activité humaine, mais qui en même temps s'y oppose et qui contrarie une telle compréhension.

Les termes de cette contradiction fondamentale sont très clairement conçus et exprimés par Lukacs de la manière suivante : « il apparaît, écrit-il, *premièrement* que, par suite du développement de la société bourgeoise, tous les problèmes de l'être social cessent de transcender l'homme et se manifestent comme des produits de l'activité humaine (…); *deuxièmement* que cet homme doit nécessairement être le bourgeois égoïste, individuel, artificiellement isolé par le capitalisme (…); *troisièmement* que c'est justement ainsi qu'est supprimé le caractère d'activité de l'action sociale »[2]. En faisant reculer les limites naturelles dans des proportions qui n'ont pas de précédent historique, la société bourgeoise moderne promeut une conception qui fait de la société elle-même le produit et le résultat de l'activité humaine; mais en ne concevant les hommes que comme des individus bornés et isolés les uns des autres, cette même société bourgeoise fait l'ordre social un ensemble de faits extérieurs aux hommes et sur lesquels ces derniers n'ont ni prise ni maîtrise. En d'autres termes, aussi puissante que la tendance à la promotion du devenir est, dans le capitalisme, la tendance à la négation du devenir, la tendance à la fixation et à la réification, une tendance qui se

---

1. G. Lukacs, *Histoire et conscience de classe*, *op. cit.*, p. 39.
2. *Ibid.*, p. 171.

manifeste notamment dans une destruction du temps qualitatif, du temps de l'expérience vécue, et dans l'imposition généralisée du temps de la physique, c'est-à-dire d'un temps mesurable, calculable parce que fondamentalement spatialisé, voire réduit à l'espace.

A quoi s'ajoute que ce que Lukacs a également fort bien vu, c'est que cette fixation du devenir, cette spatialisation du temps, cette négation du temps par l'espace s'enracinent d'abord dans la production capitaliste et dans la forme historiquement spécifique que prend le travail sous le capitalisme. Lukacs le montre clairement en s'appuyant sur une analyse des conséquences de la « décomposition mécanique du processus de production », c'est-à-dire du processus de taylorisation de la production dont la mise en œuvre est exactement contemporaine des essais de Lukacs qui composent *Histoire et conscience de classe.* L'effet de la mécanisation de la production est, selon Lukacs, que le producteur est intégré à titre de composante à un système productif mécanique qu'il trouve déjà achevé et tout prêt devant lui, un système à l'élaboration duquel il ne participe pas activement et dont il ne possède pas une vue d'ensemble : pour le producteur, un tel système mécanique n'est pas le sien et il n'en est pas le sujet, il n'en est qu'une partie, qu'un rouage parmi d'autres auxquels il est simplement juxtaposé comme sont juxtaposées les unes aux autres les pièces d'une machine. Sur un tel système le producteur n'a pas d'influence, il ne peut le modifier, ce système échappe tout à fait à l'emprise de son activité : d'où le fait que le producteur tende à adopter sur le processus mécanique de production le même point de vue qu'il peut prendre relativement à un processus naturel soumis à des lois, à savoir un point de vue *contemplatif*, c'est-à-dire le point de vue exactement opposé à celui de l'activité, de l'agir et de la pratique. Mais par là c'est aussi le temps processuel de l'action et de la pratique qui se trouve nié, ce temps que Lukacs dit « qualitatif, changeant, fluide », et qui est le temps que dure la réalisation d'un projet dans et par l'action, ou encore le temps que prend, dans le travail vivant, l'imposition d'une forme à une matière.

C'est ce temps de l'action et de la production, ou du travail comme travail vivant, qui est nié du fait de l'inscription du producteur dans un procès mécanique de production et du fait de l'adoption inévitable d'un point de vue purement contemplatif devant ce procès qui « se déroule indépendamment de la conscience et sans l'influence possible d'une activité humaine »[1]. Voilà qui a pour conséquence, écrit Lukacs, de « ramener l'espace et le temps à un même dénominateur », de « ramener le temps au niveau de l'espace »[2]. Un processus mécanique et taylorisé de production n'est plus un processus qui *dure dans le temps*, c'est un processus qui *s'étale dans l'espace* et qui, justement parce qu'il s'étale dans l'espace, est un processus mesurable et quantifiable. « Le temps, écrit Lukacs, perd ainsi son caractère qualitatif, changeant et fluide : il se fige en un *continuum* exactement délimité, quantitativement mesurable, rempli de choses quantitativement mesurables : en un espace »[3].

Sans que je puisse m'appesantir ici sur ce point, on pourrait sans doute montrer que l'analyse de Lukacs conserve quelque pertinence pour nous aujourd'hui, en dépit du fait qu'elle ait été produite pour penser un système tayloriste de production qui n'est plus le nôtre : il reste que les transformations du travail ces trente dernières années avec l'imposition des nouvelles méthodes dites « managériales » de gestion du travail, notamment la soumission de ce dernier à l'impératif de la « qualité totale », ont maintenu sinon encore renforcé cette attitude *contemplative* du producteur devant le procès de travail, dont parlait Lukacs, de même qu'elles ont certainement aussi accru l'emprise de la spatialisation et donc la négation du temps qualitatif, du temps qui dure. La « gestion du travail » dite « par objectifs », progressivement imposée depuis les années 80, peut bien être comprise comme une nouvelle négation de la dimension qualitative et temporelle du travail et elle fonctionne entièrement par spatialisation dans la mesure où elle impose « le contrôle par le comptage, le mesurage et le fichage quantitatif »[4].

Mais une fois fait le diagnostic de la négation du temps qualitatif et vivant par l'espace, c'est-à-dire le diagnostic de la négation du

1. G. Lukacs, *Histoire et conscience de classe*, *op. cit.*, p. 117.
2. *Ibid.*, p. 117.
3. *Ibid.*, p. 117.
4. Ch. Dejours, F. Bègue, *Suicide et travail : que faire ?*, Paris, P.U.F., 2009, p. 34.

temps par l'espace, quelle était l'issue proposée par Lukacs? La
spatialisation étant comprise par Lukacs comme une réification, son
idée me semble avoir été de recourir à toutes les formes possibles de
la *fluidification* pour contrer la tendance à la spatialisation qui est
aussi une tendance à la fixation; à quoi s'ajoute que cette
fluidification prenait chez Lukacs la forme d'une *historicisation* de
notre formation sociale moderne, une historicisation elle-même
permise par l'identification d'un agent, d'un acteur et d'un porteur
de cette historicisation, à savoir le « prolétariat ».

FLUIDIFICATION CONTRE RÉIFICATION

« Sous la croûte quantitative », trouver « le noyau qualitatif
vivant », disait Lukacs[1], ce qui peut se traduire : sous l'espace,
trouver le temps, mais le temps qualitatif, le temps qui dure, le temps
qui est le tissu d'une histoire, le temps qui fait histoire. Il est
remarquable en effet que, dans le texte de Lukacs, la fluidification
possède le sens d'une historicisation, c'est-à-dire d'un processus
qui a pour effet ce qu'on pourrait appeler une nouvelle temporalisation de l'histoire. Par fluidification, Lukacs entend « la transformation en processus des objets » dès lors qu'ils sont « saisis comme
moments de l'évolution sociale »[2]. La fluidification, c'est le processus par lequel « l'être réifié et figé des objets du devenir social se
dévoile comme simple apparence »[3] : les choses, explique Lukacs,
« peuvent alors êtres saisies *comme des moments fluides d'un
processus* » de sorte que « les formes d'objectivité des objets eux-
mêmes » sont transformées « en un processus, en un fleuve »[4]. Les
choses figées apparaissent alors pour ce qu'elles sont, à savoir non
pas comme des choses toutes faites, mais comme les résultats et les
produits d'un processus social à une certaine étape historique de son
développement.

1. G. Lukacs, *Histoire et conscience de classe*, *op. cit.*, p. 211.
2. *Ibid.*, p. 217-218.
3. *Ibid.*, p. 222.
4. *Ibid.*, p. 223.

Mais comment s'opère cette transformation, ou plutôt : *qui* opère cette transformation ? La réponse de Lukacs à cette question est nette : l'acteur de cette transformation, c'est le prolétariat. Mais pourquoi lui ? Parce que « le prolétariat ne peut prendre conscience de lui-même que comme objet du processus économique »[1] : or cette prise de conscience est l'épreuve d'une contradiction puisqu'on a affaire à un sujet qui prend conscience de lui-même comme objet[2], c'est-à-dire comme sujet nié, ou comme l'humain réduit à la marchandise et donc nié comme humain. Une telle prise de conscience est en elle-même une libération : prendre conscience de soi comme objet ne peut se faire sans vouloir aussitôt se reconquérir comme sujet, et donc sans vouloir se libérer de toutes les conditions qui font de soi un objet. « L'ouvrier, dit Lukacs, ne peut prendre conscience de son être social que s'il prend conscience de lui-même comme marchandise »[3], ce qui signifie inversement qu'en prenant conscience de soi comme marchandise, c'est-à-dire comme objet, l'ouvrier prend conscience de son être social, et donc du fait que c'est *socialement* qu'il est produit comme objet ou marchandise. Un sujet qui prend conscience de soi comme de l'objet du processus social est un sujet qui prend en même temps conscience de ce qu'il a été fait objet par ce processus social, et donc de ce que, derrière les objets sociaux, se tient toujours un processus social : « de sorte, écrit Lukacs, que c'est justement dans l'objectivité éloignée de l'homme des formes sociales, inhumaine même, que l'homme socialisé se dévoile comme leur noyau »[4]. Le prolétariat est donc pour Lukacs le sujet qui prend conscience de la processualité sociale à l'œuvre derrière les objets et les faits sociaux, et c'est cela qui rend le prolétariat capable d'une « connaissance de la société comme

---

1. *Ibid.*, p. 224.
2. Cf. *ibid.*, p. 209 : « Le travailleur est contraint d'objectiver sa force de travail par rapport à l'ensemble de sa personnalité et de la vendre comme une marchandise lui appartenant ; en même temps, cependant, la scission qui naît, précisément ici, dans l'homme s'objectivant comme marchandise, entre objectivité et subjectivité, permet que cette situation de vienne consciente ».
3. *Ibid.*, p. 210.
4. *Ibid.*, p. 219.

totalité historique »[1]. Une telle connaissance provient de ce que
la prise de conscience en question ne porte pas sur un objet mais
qu'elle est la conscience de soi de l'objet ou l'objet prenant
conscience de lui-même, de sorte, écrit Lukacs, que « *l'acte de prise
de conscience bouleverse la forme d'objectivité de son objet* »[2] : cet
acte libère son propre sujet de sa forme d'objet, et en même temps
met au jour le mécanisme général d'une société dont le propre est
justement de transformer le sujets en objets, c'est-à-dire accède au
cœur d'un dispositif social dont la spécificité historique est la
réification des rapports sociaux et des sujets porteurs de ces
rapports.

Le prolétariat est ainsi chez Lukacs l'opérateur de ce qu'on
peut appeler *la grande fluidification* : il est celui qui découvre que
« *les choses* peuvent être saisies *comme des moments fluides d'un
processus* » et il « transforme les formes d'objectivité des objets
eux-mêmes en un processus, en un fleuve »[3]. En prenant conscience
du travail comme d'un rapport social, en comprenant la « quantité de
travail » non plus comme une réalité naturelle mais comme une
réalité produite socialement et historiquement déterminée, le prolétariat perce la croûte de la réification du travail en marchandise et il
atteint le noyau de processualité sociale et historique à l'œuvre dans
le travail et dans le rapport du travail au capital : une telle reconnaissance « aboutit à la complète dissolution des objets sociaux en
processus » et, par elle, « le prolétariat s'élève jusqu'à être la
conscience de soi de la société dans son évolution historique »[4].

Tout ceci étant rappelé, la question que je souhaite poser n'est
pas la question attendue de savoir si nous disposons encore
aujourd'hui du porteur identifiable d'une grande fluidification qui
soit aussi une historicisation. Il est une question plus fondamentale
qu'on devrait, me semble-t-il, poser à partir de Lukacs : c'est la
question de savoir si la fluidification et l'historicisation peuvent
encore se présenter comme des solutions pour nous aujourd'hui.

1. G. Lukacs, *Histoire et conscience de classe*, *op. cit.*, p. 211.
2. *Ibid.*, p. 221 (c'est Lukacs qui souligne).
3. *Ibid.*, p. 223 (souligné par Lukacs).
4. *Ibid.*, p. 224.

Afin d'instruire ou de commencer à instruire cette question, je pense utile de revenir un peu en deçà de Lukacs et de nous pencher à nouveau sur Marx.

LE CARACTÈRE HISTORIQUEMENT DÉTERMINÉ
DE L'HISTORICISME MODERNE

A la lecture des *Manuscrits de 1844*, il apparaît que Marx commence par penser l'histoire dans son rapport avec la nature : ce qui existe véritablement et réellement selon lui, c'est en quelque sorte toujours un mixte de nature et d'histoire, ou bien une unité des deux, mais de telle sorte que, dans l'unité même de la nature et de l'histoire, la proportion respective de nature et d'histoire diffère selon le moment historique considéré. On le voit par exemple dans ce que Marx dit du système de l'agriculture à l'époque des physiocrates, qui est pour lui un moment de transition historique, à ce titre particulièrement intéressant. D'un côté, explique Marx, c'est un moment où l'on conçoit clairement que « la terre n'est que par le travail »[1], ce qui signifie que la source de la richesse s'est déjà clairement déplacée de la nature vers le travail humain, ce dernier étant seul ce qui rend la nature véritablement productive de richesses. Mais, en même temps, les physiocrates conçoivent le travail *agricole* comme le seul travail productif : autrement dit, les physiocrates n'accèdent pas au concept du travail abstrait, du travail humain comme identique dans tous les travaux, puisqu'ils maintiennent une différence entre le travail de la terre, considéré comme seul productif, et le travail manufacturier ou industriel qui n'est pas considéré comme véritablement productif dans la mesure même où il est déconnecté de tout rapport à la terre. « Le travail, écrit Marx, n'est donc pas encore saisi dans sa généralité et son abstraction, il est encore lié à un élément naturel particulier comme à sa matière » ; ce qui veut dire qu'ici « le travail apparaît comme un moment de la terre »[2], et donc de la nature, et qu'on n'est en conséquence pas

---

1. K. Marx, *Manuscrits économico-philosophiques de 1844*, trad. fr. F. Fischbach, Paris, Vrin, 2007, p. 141.
2. *Ibid.*

encore parvenu au moment où c'est, inversement, la terre et la nature qui deviendront des moment du travail humain : le travail est ici encore un appendice de la nature, là où l'industrie fera bientôt au contraire de la nature et de la terre des appendices du travail humain. Bref, avec les physiocrates et à la fin du XVIIIe siècle, nous en sommes historiquement à un moment de transition : nous en sommes au moment où, au sein de l'unité de la terre et du travail, c'est-à-dire au sein de l'unité de la nature et de l'histoire, le rapport entre les deux termes commence seulement à se modifier et où la prépondérance est en train d'être transférée au travail et à l'histoire.

A l'époque des *Manuscrits de 1844*, Marx semble donc soutenir en matière de philosophie de l'histoire plusieurs thèses que l'on peut résumer de la manière suivante. Il part d'une unité de la nature et de l'histoire, concevant l'histoire spécifiquement humaine dans la continuité avec la nature et comme la continuation même de l'histoire de la nature : « l'histoire elle-même, écrit-il, est une partie *réelle* de l'*histoire de la nature*, du devenir-homme de la nature »[1]. Cela vient de ce qu'il conçoit la nature non pas comme une réalité substantielle toujours déjà donnée, mais comme étant déjà en elle-même productive, de sorte que la production proprement humaine ou le travail humain productif apparaît comme une continuation de la productivité naturelle, comme une amplification et une intensification de la productivité des forces de la nature. Ce qu'on appelle l'histoire, ce serait donc, pour le Marx de 1844, l'historicisation progressive des forces productives naturelles, c'est-à-dire leur humanisation et leur socialisation progressives. Ce qui nous reconduit à l'idée d'une unité nature/histoire au sein de laquelle l'histoire deviendrait l'instance toujours davantage et progressivement dominante. En termes schellingiens, on dirait que l'unité nature/histoire existe d'abord à la puissance de la nature, et qu'elle passe progressivement à la puissance de l'histoire. On a donc incontestablement ici la conception d'une évolution progressive par laquelle les sociétés humaines se seraient peu à peu émancipées du règne de la nature, au fur et à mesure qu'elles entraient en régime d'historicité.

---

1. K. Marx, *Manuscrits économico-philosophiques de 1844*, *op. cit.*, p. 153.

Il n'est donc pas faux de dire que le point de départ de Marx lui vient de Feuerbach et que ce point de départ est l'unité même de l'homme et de la nature; mais, sur cette base, Marx construit quelque chose de nouveau qui consiste à poser que cette unité homme/nature est toujours socialement médiatisée et donc historiquement évolutive : l'histoire des hommes est l'histoire de leur maîtrise progressive de la nature tant pratique que théorique, et cette maîtrise ne peut elle-même être que sociale, ce que Marx exprime dans *L'idéologie allemande* en disant que « la si célèbre "unité de l'homme et de la nature" » n'est pas un âge d'or originel mais qu'elle « a existé de tout temps dans l'industrie et s'est présentée de façon différente à chaque époque à chaque époque selon le développement plus ou moins grand de l'industrie »[1]. D'où le reproche fait à Feuerbach de n'avoir pas vu que « le monde sensible », c'est-à-dire la nature, « n'est pas un objet donné directement de toute éternité (…) mais le produit de l'industrie et de l'état de la société, et cela en ce sens qu'il est un produit historique »[2]. De sorte que, ce qui existe réellement, c'est, comme dit Marx, une « nature qui est historique » et une « histoire qui est naturelle », c'est-à-dire l'unité socialement en devenir de la nature et de l'histoire. Une thèse dont on peut noter au passage qu'elle se trouvait déjà dans les *Manuscrits de 1844* où Marx notait que « l'*ensemble de ce qu'on appelle l'histoire mondiale* n'est pas autre chose que l'engendrement de l'homme par le travail humain, que le devenir de la nature pour l'homme »[3], un devenir qui ne se conçoit que comme étant socialement médiatisé, la société étant, nous dit Marx en 44, « l'achèvement de la co-appartenance essentielle de l'homme avec la nature »[4].

Mais ce qui intéresse Marx, c'est la société qu'il a sous les yeux et qu'il comprend comme située au terme de cette progressive évolution : la société industrielle moderne est celle où la maîtrise

---

1. K. Marx-Engels, *L'idéologie allemande*, traduction sous la direction de G. Badia, Paris, Éditions sociales, 1968, p. 55.
2. *Ibid.*
3. K. Marx, *Manuscrits économico-philosophiques de 1844*, *op. cit.*, p. 155.
4. *Ibid.*

sociale des forces de la nature, si elle n'est pas complète (et elle ne peut pas l'être, Marx posant qu'il subsiste toujours un reste d'extériorité naturelle), a néanmoins atteint un degré tel que cette société peut en venir à se concevoir elle-même comme purement et complètement historique – ce qui s'exprime notamment dans le fait que cette société accède dans la théorie au concept du travail humain en général comme source de la richesse et au travail social comme unique activité productive. Marx n'aura de cesse de dire que cette conception de soi de la société moderne contient une part d'illusion : de *L'idéologie allemande* jusqu'au *Capital* et à la *Critique du programme de Gotha*, il maintiendra qu'il est faux d'affirmer que le travail humain est seul producteur de richesse, et que c'est toujours l'unité du travail humain *et de la nature* qui est à proprement parler productive de richesse. Dire autre chose, c'est confondre la richesse avec la valeur : seul le travail humain abstrait engendre de la valeur, tandis que le travail humain concret produit de la richesse, c'est-à-dire de la valeur d'usage, ce qu'il ne peut faire qu'en s'unissant à la nature.

Dans l'illusion consistant à croire s'être complètement émancipée de la nature, la société industrielle moderne apparaît donc à Marx comme celle qui se conçoit elle-même comme étant de part en part historique : en d'autres termes, c'est à partir du type particulier de cette société-là que Marx lui-même reconstruit *après coup* la perspective d'une évolution progressive qui a conduit les sociétés humaines à passer de la puissance de la nature à celle de l'histoire. En un sens, donc, Marx fait fond dès le début sur l'idée selon laquelle c'est dans l'anatomie de l'homme qu'on trouve la clef de l'anatomie du singe : c'est depuis une société se concevant elle-même en régime complet d'historicité qu'on peut à la fois reconstruire le processus évolutif qui a conduit jusqu'à elle et comprendre les formes sociales antérieures en tant que, en elles, la puissance de la nature était encore dominante.

CE QUE LE CAPITALISME FAIT À L'HISTOIRE

Ce sont là des choses à ne pas perdre de vue quand on lit les textes de Marx qui présentent et soutiennent une vision progressive et cumulative du processus historique. Et c'est particulièrement le cas du *Manifeste*, notamment dans un passage comme celui-ci : « Les moyens de production et d'échange, sur la base desquels s'est édifiée la bourgeoisie, furent créés à l'intérieur de la société féodale. A un certain degré du développement de ces moyens de production et d'échange, les conditions dans lesquelles la société produisait et échangeait, l'organisation féodale de l'agriculture et de la manufacture, en un mot le régime féodale de la propriété cessèrent de correspondre aux forces productives en plein développement. Ils entravaient la production au lieu de la faire progresser. Ils se transformèrent en autant de chaines. Il fallait briser ces chaines. On les brisa »[1]. C'est cette même conception progressive et cumulative qu'on trouve encore plus explicitement dans la Préface à la *Contribution à la critique de l'économie politique* de 1859 : « A grands traits, écrit Marx, les modes de productions asiatique, antique, féodal et bourgeois peuvent être qualifiés d'époques progressives de la formation économique de la société »[2]. Nous avons dans cette Préface de 1859 à la fois la conception d'un processus historique porté par un développement progressif et cumulatif des forces sociales de production qui fait se succéder les différents modes sociaux de production, et l'identification du principe du changement social qui fait passer d'une formation sociale à une autre, à savoir la contradiction entre le degré de développement des forces productives de la société et le type de rapports sociaux qui existent dans cette société et qui, à un certain moment, deviennent un obstacle, un frein, une entrave à la poursuite du développement des premières. Inutile d'insister sur ces points qui sont parmi les plus connus ou, plutôt, ce qu'on pense être le mieux connu de la conception marxienne de l'histoire.

Il vaut la peine de s'attarder un moment sur le texte du *Manifeste* et plus particulièrement sur le contexte du passage que je citais précédemment. Dans les lignes qui le précèdent, Marx a avancé un certain nombre de thèses qui sont les suivantes :

---

1. Marx-Engels, *Manifeste du parti communiste*, Paris, Éditions sociales, 1954, p. 33-34.
2. K. Marx, *Contribution à la critique de l'économie politique*, trad. fr. M. Husson, G. Badia, Paris, Éditions sociales, 1957, p. 5.

–premièrement, « la bourgeoisie ne peut exister sans révolutionner constamment les instruments de production, ce qui veut dire les conditions de la production, et donc tous les rapports sociaux. Le maintien sans changement de l'ancien mode de production était, au contraire, pour toutes les classes industrielles antérieures, la condition première de leur existence. Ce bouleversement continuel de la production, ce constant ébranlement de tout le système social, cette agitation et cette insécurité perpétuelles distinguent l'époque bourgeoise de toutes les précédentes ».

–deuxièmement, « par le rapide perfectionnement des instruments de production et l'amélioration infinie des moyens de communication, la bourgeoisie entraine dans le courant de la civilisation jusqu'aux nations les plus barbares. (…) Sous peine de mort, elle force toutes les nations à adopter le mode de production bourgeois (…) ; en un mot elle se façonne un monde à son image ».

–troisièmement, « la bourgeoisie a soumis la campagne à la ville ; elle a créé d'énormes cités ; elle a prodigieusement augmenté la population des villes par rapport à celle des campagnes (…), elle a subordonné les peuples de paysans aux peuples de bourgeois, l'Orient à l'Occident ».

–quatrièmement, enfin, « la bourgeoisie, au cours de sa domination de classe à peine séculaire, a créé des forces productives plus nombreuses et plus colossales que l'avaient fait toutes les générations précédentes prises ensemble ». Elle a « mis sous le joug les forces de la nature » en même temps qu'elle a mis au jour des forces productives d'une ampleur et d'une puissance telles qu'aucun « siècle antérieur n'aurait soupçonné qu'elles dormaient au sein du travail social ».

Il convient de retenir de ce passage, d'abord, l'insistance de Marx sur la rupture historique que représente le mode de production industriel bourgeois : pour la première fois, on a affaire à un mode de production dominé par une classe qui n'est pas conservatrice, qui est au contraire profondément révolutionnaire, et qui *reste* révolutionnaire même une fois devenue classe dominante, contrairement à toutes les classes dominantes du passé qui, elles, ont toujours estimé n'avoir de chances de le rester qu'en devenant conservatrices. Cela tient au fait que le pouvoir de la bourgeoisie dépend directement de la circulation toujours accélérée du capital, ou plutôt du raccourcissement permanent de la durée du cycle qui, de la consommation, ramène le capital à la production, cycle qui est le seul moyen de produire toujours davantage de valeur et d'extraire toujours davantage de sur-valeur. La bourgeoisie est cette classe dominante dont la position précisément dominante dépend pour la première fois directement de l'invention permanente de nouveaux moyens et modes de production, du développement constant de la force productive du travail social créateur de valeur et de sur-valeur au moyen de dispositifs techniques, technologiques et organisationnels toujours nouveaux, et donc au moyen d'un bouleversement permanent des moyens de production et donc aussi des rapports sociaux de production. «Agitation et insécurité perpétuelles», dit Marx, au sens où rien n'est plus jamais ni sûr ni acquis, et où tout doit constamment être totalement remis en cause : voilà la forme éminemment paradoxale que prend le pouvoir de la bourgeoisie et qui «distingue l'époque bourgeoise de toutes les précédentes». La révolution permanente n'est pas une stratégie politique pour le prolétariat : c'est d'abord la forme même que prend la domination de la bourgeoisie, et qu'elle ne peut pas ne pas prendre. La suite du texte explique d'ailleurs pourquoi : tout se passe comme si la bourgeoisie avait ouvert les vannes de la civilisation, comme si elle avait engendré un courant civilisateur absolument inédit par son ampleur et sa vitesse, un courant qu'il est désormais impossible de stopper, auquel il est impossible de résister, et que la bourgeoisie elle-même ne pourrait plus ni ralentir ni stopper, même si elle le voulait. Mais, justement, elle ne le veut pas et elle ne peut pas le vouloir, puisque le maintien de sa position dominante dépend directement de l'accélération permanente et de l'intensification constante de ce courant de civilisation. Rien ni personne n'y peut résister, aucune nation, pas même «les plus barbares» : toutes sont prises ou seront prises dans le courant un jour où l'autre, son extension à la planète entière est irrésistible, nous dit Marx en 1848.

Mais Marx va plus loin, puisqu'il identifie quelle a été la cause du déclanchement d'un tel courant historique irrépressible : c'est l'émancipation à l'égard de la nature. C'est ce qu'il veut dire en écrivant que, tel l'esprit objectif hégélien, la bourgeoisie «façonne un monde à son image », c'est-à-dire un monde qu'elle surajoute à la nature et qu'elle conçoit comme indépendant de la nature, d'où la subordination et la soumission systématiques de la campagne à la ville et l'amoncellement de masses considérables de populations dans les villes – ce qui n'a pu se faire, comme Marx y insistera longuement dans les *Grundrisse*[1] puis dans le chapitre xxiv du Livre I du *Capital*, sans l'arrachement de ces mêmes masses à leur terre, sans que soit rompu le lien qui les attachait à la terre comme à la condition objective essentielle de la production de toute richesse, sans que soit « mené à son terme le processus de dissociation qui séparait les travailleurs des conditions du travail »[2], un processus dont l'histoire est « inscrite dans les annales de l'humanité en lettres de sang et de feu »[3]. Seul un tel arrachement à la terre a permis que soit produite la masse des « travailleurs libres » forcés de vendre leur force de travail et contraints d'entrer dans le processus indéfini de la valorisation du capital. Mais c'est aussi ce même rassemblement et cette mise à disposition d'une immense masse de « travailleurs libres » qui ont permis un développement des forces productives de la société dans des proportions qui n'ont aucun précédent historique et qui était jusque là simplement insoupçonnable, un développement qui a permis en retour de « mettre sous le joug les forces de la nature » : autrement dit, c'est le fait même d'avoir arraché à la terre les forces du travail, de les en avoir séparées et d'avoir ainsi fait du travail une puissance essentiellement sociale, qui a permis en retour une maîtrise sans précédent des forces de la nature. Telle est donc la nouveauté représentée par la société bourgeoise : c'est la société qui ne domine la puissance de la nature que dans l'exacte mesure où elle libère complètement la puissance du travail social et, par là, déclenche l'irrésistible courant civilisateur dont il était question à l'instant.

---

1. K. Marx, *Manuscrits de 1857-58 (« Grundrisse »)*, traduction sous la direction de J.-P. Lefebvre, Paris, Éditions sociales, 1980, tome 1, chapitre « Formes antérieures à la production capitaliste », p. 410 *sq.*

2. K. Marx, *Le Capital*, Livre 1, trad. cit., p. 853.

3. *Ibid.*, p. 805.

Comme on le voit, Marx insiste sur le caractère absolument nouveau et inédit de ce type-là de société : sa formation constitue une rupture radicale à l'égard de tout ce qui a précédé, autrement dit la naissance de la société bourgeoise est la seule véritable révolution qui ait jamais eu lieu jusqu'ici. Or le propre d'une révolution, c'est qu'elle commence une histoire et qu'elle rejette tout ce qui a précédé dans la préhistoire. On sait que Marx dit cela à propos du rapport entre la société à venir et la société actuelle qui sera alors rejetée dans la préhistoire de l'humanité. Mais cela vaut aussi et en fait même *d'abord* de notre société actuelle, c'est-à-dire de la société bourgeoise : la rupture qu'a représenté sa naissance a été une entrée dans l'histoire, un commencement de l'histoire au regard duquel toutes les sociétés antérieures apparaissent rétrospectivement comme ayant appartenu à la préhistoire de l'humanité. C'est un point important dans la mesure où cela signifie que la société bourgeoise – première société à être née à proprement parler d'une révolution, et première société dont le fonctionnement interne ne peut lui-même prendre d'autre forme que celle d'une révolution permanente – que la société bourgeoise, donc, est aussi la première qui puisse se concevoir elle-même comme une société historique, c'est-à-dire à la fois comme la seule société qui soit née historiquement et comme la seule société qui fasse constamment histoire. Les sociétés antérieures n'ont pas eu à proprement parler de naissance historique : elles sont nées de la nature, des besoins des hommes et de la nécessité de faire société pour les satisfaire. La société bourgeoise, elle, n'est pas née de la nature : elle est née de l'acte de s'arracher à la nature, de s'émanciper d'elle, plus exactement de l'acte de soumettre la nature en libérant pour la première fois la puissance totale du travail social.

Contrairement à ce qu'a fait Claude Lefort dans un article important intitulé « Marx : d'une vision de l'histoire à l'autre », il ne me paraît pas nécessaire d'opposer les *Grundrisse* au *Manifeste* pour parvenir à l'idée selon laquelle, quand Marx parle des modes de production précapitalistes, « ce n'est pas la continuité du processus historique qu'il fait apparaître, [ce n'est pas] un changement de forme commandé par une contradiction fondamentale, c'est [au contraire] une discontinuité radicale, une mutation de l'humanité »[1]. Le seul *Manifeste* suffit déjà à montrer que l'intérêt de Marx ne se porte pas vers la reconstruction d'une évolution progressive qui, de manière cumulative et par étapes successives, aurait conduit des différents modes de production précapitalistes jusqu'au capitalisme comme aboutissement d'un long processus de maturation historique. L'intérêt de Marx est de saisir et de comprendre la formation sociale qu'il a sous les yeux et à laquelle il appartient lui-même; et c'est l'enquête sur cette formation sociale qui le convainc rapidement qu'elle est un monde entièrement nouveau, que son apparition historique constitue une rupture absolue avec le passé, que le passé n'apparaît *comme* passé que par rapport à ce présent radicalement nouveau et inédit. On ne peut donc comprendre ce que les formations sociales et les modes de production précapitalistes avaient de propre, ce qui les caractérisait, que par rapport au capitalisme : c'est lui qui révèle la spécificité précapitaliste des modes de production antérieurs, ou, comme le dit Claude Lefort, « le précapitalisme est appréhendé depuis le capitalisme, comme son *autre* »[2], comme ce sur le fond de quoi le capitalisme s'est constitué comme tel en s'en arrachant, en rompant avec lui et en le constituant comme *passé* et comme *son* passé.

Tout ce qu'on peut dire au sujet des sociétés précapitalistes ne peut donc l'être qu'après coup et en courant en permanence le risque de l'anachronisme et de l'illusion rétrospective. On sera par exemple tenté de parler d'échanges marchands au sujet d'un mode de production précapitaliste, et on peut même être tenté d'ajouter que l'existence d'échanges marchands y représente un germe de capitalisme qui se serait ensuite développé progressivement. Mais on ne peut en réalité dire cela que par anachronisme, dans la mesure où l'échange marchand *en tant que tel* n'apparaît qu'avec le capitalisme. Marx montrera ainsi dans *Le Capital* que l'échange marchand proprement dit suppose une condition qui n'apparaît qu'avec le capitalisme et qui est même proprement *constitutive* du capitalisme, à savoir « la scission du produit du travail en chose utile

1. Cl. Lefort, « Marx : d'une vision de l'histoire à l'autre », dans *Les formes de l'histoire. Essais d'anthropologie politique*, Paris, Gallimard, 1978, p. 336.
2. *Ibid.*, p. 338.

et chose de valeur », de telle sorte que les choses utiles ne soient plus produites parce qu'elles sont ou seront utiles à quelqu'un, mais qu'elles soient produites uniquement « en vue de l'échange ». Or cela présuppose un type tout à fait spécial de production : cela suppose un système où « le caractère de valeur des choses soit déjà pris en considération dès leur production même »[1]. Or il n'y a pas, avant le capitalisme, de production qui soit en elle-même déterminée par la valeur de la chose, et où ce soit cette valeur qui commande la production même de la chose, et non pas l'utilité de celle-ci. Ce qui permet d'exprimer autrement et plus simplement la nouveauté historique radicale du capitalisme : il est la seule formation sociale dans laquelle la production est la finalité de l'homme, rejetant dans le passé tous les modes de production dans lesquels l'homme et les besoins de l'homme étaient au contraire la finalité de la production[2]. Mais cela ne doit pas pour autant conduire à voir un âge d'or dans ces périodes précapitalistes : on y produisait certes pour l'homme, mais de telle sorte que le travailleur comme individu vivant et travaillant y comptait au nombre des conditions de la production, au même titre que la terre.

Ce qui nous conduit au travail : on peut naturellement être tenté – et Marx lui-même l'est parfois – de considérer les esclaves de l'Antiquité et les cerfs du Moyen Âge comme les travailleurs de ces époques. Nouvel anachronisme ! Car il n'y a pas, à proprement parler, de travailleurs avant le capitalisme. Avant le capitalisme, il y a des individus qui travaillent et qui, dans et par leur activité de travail, sont inséparablement liés aux conditions objectives de leur travail, c'est-à-dire essentiellement à la matière et aux outils de leur travail. Mais ces individus au travail ne sont pas des travailleurs, de même que l'échange de choses utiles n'était pas l'échange marchand. Pour qu'il existe des travailleurs, il faut des conditions qui, quand elles apparaissent, rompent avec les conditions antérieures, introduisent une nouveauté radicale et sont constitutives du capitalisme : il faut que « le travailleur soit trouvé là comme travailleur libre, puissance de travail sans objectivité, purement

1. K. Marx, *Le Capital*, Livre I, *op. cit.*, p. 84.
2. K. Marx, *Grundrisse*, t. 1, *op. cit.*, p. 424.

subjective, face aux conditions objectives de la production en tant qu'elles sont sa *non-propriété, propriété d'autrui, valeur* pour soi, capital »[1].

En soutenant l'idée que Marx a constamment cherché à mettre l'accent sur la rupture historique représentée par la radicale nouveauté de la société industrielle et capitaliste moderne, on parvient à l'hypothèse que la représentation d'une histoire cumulative qui, en se déployant dans un temps homogène, aurait conduit de façon progressive à cette même société, comme elle devrait aussi conduire à la société qui la supplantera – que cette représentation, donc, n'est pas la représentation que Marx lui-même se fait de l'histoire. On peut être ainsi conduit à faire l'hypothèse que, loin que ce soit la représentation de Marx lui-même, il s'agirait plutôt là, selon lui, de la manière dont la société bourgeoise moderne se représente et se comprend, se considérant elle-même comme l'aboutissement d'un long et lent progrès historique, comme l'achèvement de l'évolution des formations sociales antérieures, comme la société la mieux formée et, en définitive, la plus « naturelle » vers laquelle toutes les précédentes tendaient et vers laquelle elles aspiraient comme vers le modèle de toutes sociétés. Tout se passant comme si les sociétés antérieures avaient progressivement accumulé en leur sein des germes qui n'avaient finalement pu s'épanouir et parvenir à leur complet développement que dans la société industrielle et capitaliste moderne. Le modèle d'une histoire progressive et cumulative serait ainsi le produit même de l'illusion rétrospective propre à la société bourgeoise moderne qui est spontanément portée à considérer toutes les sociétés antérieures comme autant d'étapes préparatoires sur le long cheminement qui a progressivement conduit jusqu'à elle-même.

Ce que Marx permet de comprendre, c'est qu'une telle vision historique du monde comme flux d'une histoire progressive et cumulative ne pouvait se constituer que dans la société bourgeoise moderne : il fallait pour cela l'apparition d'une société qui parvienne à libérer d'une manière totalement inédite toute la puissance du travail social et par là à mettre sous son joug la

---

1. K. Marx, *Grundrisse*, t. 1, *op. cit.*, p. 436.

puissance de la nature d'une manière totalement improbable jusqu'ici. Seule une société se pensant libérée de la nature peut aussi se penser comme historique, et peut donc aussi en quelque sorte historiciser le passé en considérant les sociétés antérieures comme autant d'étapes conduisant à elle-même. Marx montre ainsi que la conscience historique et la vision historique du monde sont elles-mêmes des produits historiques, de sorte qu'on ne trouve pas chez lui ce qui se trouvera en revanche en abondance dans le marxisme traditionnel, à savoir une conscience historique qui est paradoxalement elle-même trans-historique, voire anhistorique.

ETERNEL PRÉSENT ET « GLOBAL FLOW »

On obtient ainsi une image de la production et de la société capitalistes où sont indissolublement mêlés statisme et dynamisme : statisme de la valeur qui vaut toujours comme norme constamment au présent, toujours identique à elle-même, et dynamisme des forces productives, augmentation constante du niveau de productivité, mais de telle sorte que cela n'aboutit à rien d'autre qu'à rétablir la valeur dans son abstraite identité à elle-même. On a donc à la fois un flux temporel constant prenant la forme d'un progrès historique indéfini, et, *en même temps*, l'immobilité spatiale du présent perpétuel de la valeur : ces deux dimensions contraires parviennent à se combiner l'une avec l'autre dans la représentation d'un progrès historique qui se déroule *dans* le temps, ce dernier étant donné comme un cadre toujours identique à lui-même et toujours au présent. Le temps de la valeur est un temps statique, spatialisé, un temps toujours au présent ; le temps de la production est celui d'un développement graduel et continu, d'une transformation permanente des moyens et des modes de production permettant un progrès constant de la productivité : mais l'opposition des deux n'est qu'apparente puisque le temps fluide et progressif de la production retombe constamment dans le temps figé et statique du perpétuel présent de la valeur. En ce sens, je m'accorde tout à fait avec M. Postone pour dire que « le capitalisme est une société marquée par une dualité temporelle : d'un côté, un flux constant, accéléré, d'histoire; de l'autre, une conversion constante de ce mouvement du temps en un présent perpétuel »[1].

Et voilà qui permet de comprendre comment Marx peut dire à la fois, et sans contradiction, que « le temps lui-même est considéré comme espace » et que « l'espace est anéanti par le temps », à condition de voir que l'anéantissement de l'espace par le temps comme flux d'un irrépressible progrès tombe lui-même dans le cadre inchangé, constamment reconduit et reproduit à l'identique du temps spatialisé et du perpétuel présent. On comprend du coup aussi que ce soit uniquement dans une société de ce genre que puisse se généraliser une conscience historique : la dynamique historique continue du capitalisme s'exprime précisément dans une telle généralisation de la conscience historique et de la vision historique du monde. C'est uniquement dans cette formation sociale-là que les hommes peuvent accéder à la représentation selon laquelle ils font leur propre histoire. Mais, en même temps, et c'est là l'autre dimension de la temporalité capitaliste, les hommes y « font leur propre histoire », certes, mais, comme on sait, *pas* « dans des conditions choisies par eux »[2] : ce qui veut dire qu'il la font dans un cadre qu'ils n'ont pas choisi, dans un cadre fixe et permanent – celui de la valeur – qui s'impose à eux normativement et sur lequel ils n'ont pas prise. Ce n'est pas là la façon dont Marx se représente lui-même l'histoire : c'est la façon dont il dit et montre que les hommes ne peuvent pas ne pas se représenter l'histoire et leur propre action historique aussi longtemps qu'ils vivent dans la société capitaliste. Ils font leur histoire, mais dans le cadre prescrit, imposé et intangible du présent perpétuel de la valeur.

C'est pourquoi la société capitaliste est une société dans laquelle ne cesse de se creuser toujours davantage la disjonction entre d'une part un cadre statique, intangible, s'imposant constamment de façon normative aux individus sans que ceux-ci aient la moindre prise sur lui, et d'autre part une amélioration constante des moyens de productions, un progrès permanent des techniques de production et d'organisation, une accumulation constante de savoir, une

---

1. M. Postone, *Temps, travail et domination sociale*, *op. cit.*, p. 442.
2. K. Marx, *Le 18 Brumaire de Louis Bonaparte*, Paris, Éditions sociales, 1956, p. 13.

augmentation permanente de productivité liée à l'investissement permanent dans la production de savoirs et de techniques eux-mêmes en constante amélioration – autant d'éléments qui confortent chez les individus la représentation d'une histoire comprise à la fois comme un progrès et comme un processus dont les hommes ont essentiellement la maîtrise. On a donc à la fois, d'un côté, une société fondamentalement statique, immobile, qu'une contrainte interne irrépressible pousse à reproduire constamment à l'identique le cadre permanent et intangible de la valeur comme un cadre qui s'impose aux individus, sur lequel ils n'ont aucune prise consciente et volontaire et qui échappe à leur contrôle, et, aussi bien, d'un autre côté, une société en perpétuelle mutation, dont chaque bouleversement est vu comme un progrès par rapport à la phase antérieure, et comme un progrès dont le moteur apparaît aux individus comme n'étant autre que leur propre activité sociale, et donc pas autre chose qu'eux-mêmes en tant qu'ils font leur propre histoire.

Parvenu à ce point, ce serait une erreur que de céder à la tentation lukacsienne de penser que l'une de ces deux dimensions serait bonne ou positive, tandis que l'autre serait négative ou néfaste : ce serait renouveler l'erreur du marxisme traditionnel pour qui la dimension du progrès constant et cumulatif, déjà présente dans le capitalisme, était celle sur laquelle il convenait de prendre appui et qu'il fallait prolonger pour conduire le capitalisme au delà de lui-même, notamment en faisant sauter les verrous et les entraves que le capitalisme met de lui-même au plein développement de cette tendance au progrès qui l'habite pourtant déjà. La tendance au progrès historique cumulatif et indéfini sur le plan de la production, des techniques et de la science n'est pas cette « bonne » tendance immanente au capitalisme que, se mettant ainsi en contradiction avec lui-même, le capitalisme contrarierait néanmoins constamment en reconduisant et reproduisant en permanence le cadre temporel abstrait, figé, immuable, éternellement présent et non maîtrisable de la valeur. On parvient ainsi à une description du mode de temporalisation propre à la société de type capitaliste, cette temporalisation sociale se présentant essentiellement comme un mixte d'historicisme et d'immobilisme, comme un mélange de progrès historique irrépressible et d'imposition d'un éternel présent.

Cette temporalisation prend la double forme d'un présent essentiellement coercitif, se manifestant comme une norme à laquelle il est impossible de se soustraire, et celle du flux temporel d'un progrès cumulatif, indéfini auquel il est impossible d'échapper.

Aucune des ces deux formes de la temporalité historique sous le capitalisme n'est à sauver, on ne peut pas jouer l'une contre l'autre, on ne peut pas s'appuyer sur l'une (la temporalité du progrès) pour s'opposer à l'autre (l'éternel présent de la valeur ou le temps nié par l'espace) : je dirais que ce sont deux formes également impropres, inauthentiques ou aliénées de la temporalité historique. Et c'est ici que nous sommes reconduits à Lukacs, puisque, comme on l'a vu, Lukacs a pensé, dans *Histoire et conscience de classe*, qu'il était possible de prendre appui sur la temporalité du flux historique progressif pour contrer les diverses formes de la fixation, de l'éternisation, de la réification, c'est-à-dire les formes de la négation du flux temporel par l'espace. Marx, me semble-t-il, nous apprend que ce n'est pas possible parce que ces deux formes, la fluidification temporelle et la fixation spatialisante, sont indissociables l'une de l'autre et sont, l'une comme l'autre, des caractéristiques typique de la formation sociale de type capitaliste.

Et les caractéristiques prises aujourd'hui sous nos yeux par le capitalisme parvenu au stade actuel de sa mondialisation néolibérale semblent bien confirmer le diagnostic de Marx : d'une part, en effet, jamais l'emprise de la spatialisation n'a été aussi forte et, avec elle, la contrainte généralisée d'un éternel présent, la totale synchronisation d'un espace planétaire dont tous les points sont immédiatement contemporains les uns des autres, jamais donc la destruction du temps par l'espace n'a été aussi prégnante (et cela donnerait raison à Lukacs). Mais, d'autre part et *en même temps*, jamais non plus la contrainte généralisée à l'accélération constante du flux temporel n'a été aussi puissante, au point que tout ce qui n'entre pas d'une manière ou d'une autre dans ce flux temporel en constante accélération, tout ce qui se présente comme un ilot de relative stabilité temporelle semble être irrémédiablement condamné[1] : c'est notamment le cas de tous les cadres sociaux protecteurs, conquis dans la phase historique précédente, représentant des formes de garantie du travail, de la santé, de l'éducation, etc. C'est d'ailleurs aussi ce qui explique le fonctionnement actuel, à fronts renversés, de l'échiquier politique : les forces considérées auparavant comme réformatrices et comme des accélératrices de l'histoire apparaissant maintenant comme conservatrices, tandis que les forces anciennement conservatrices, retardatrices et garantes de la perpétuation de l'ordre établi se présentant désormais comme réformatrices[2].

La richesse des sociétés dans lesquelles règne le mode de production capitaliste dans sa phase actuelle apparait désormais d'abord comme constituée d'énormes flux dont l'écoulement est constamment accéléré par la suppression tendancielle de tous les obstacles qui s'opposent encore à eux : ces flux en constante accélération sont certes des flux financiers, des flux de capitaux, des flux de marchandises, des flux de populations, mais aussi des flux d'informations, d'idées, de modes et de mœurs, des flux culturels donc, mais encore et aussi bien des flux de virus, de maladies, de risques, etc. Dans un tel espace social mondial se présentant à la fois comme un cadre fixe au présent éternel et comme soumis constamment à l'irrésistible pression d'un *global flow*, il paraît définitivement impossible de prendre de quelque manière que ce soit appui sur la fluidité du temps pour contrer les diverses modalités de la fixation spatiale et de la négation du temps. Et c'est ce qui fait, me semble-t-il, qu'il y a bien quelque chose de périmé dans la perspective que Lukacs pouvait encore croire ouverte à l'époque d'*Histoire et conscience de classe*. Dans ces conditions, la tâche qui nous attend est immense : elle se situe vraisemblablement du côté d'une *historicisation du temps* qui prenne le relais de ce que Koselleck a appelé la « temporalisation de l'histoire », cette temporalisation de l'histoire qui a eu lieu au début de la modernité et que notre

1. Voir H. Rosa, *Accélération. Une critique sociale du temps*, trad. fr. D. Renault, Paris, La Découverte, 2010, p. 262.
2. *Ibid.*, p. 326.

modernité tardive a englouti dans un présent éternel, c'est-à-dire atemporel et anhistorique. Mais la difficulté majeure qui est la nôtre pour une telle historicisation du temps, qui parvienne à lui donner la profondeur d'un temps qui dure, d'un temps qui fasse le lien entre l'héritage d'une tradition et l'horizon d'une attente, la difficulté, donc, c'est que l'agent ou l'acteur d'une telle historicisation du temps n'est plus pour nous aussi immédiatement disponible qu'il l'était encore pour Lukacs sous la figure du «prolétariat». Mais, à défaut d'avoir l'acteur, peut-être est-il quand même possible d'indiquer le lieu de cette transformation consistant en une réhistoricisation du temps.

CHAPITRE IV

LE MONDE DU TRAVAIL

« Le monde du travail, aujourd'hui, ne peut être reconnu comme
un monde. Ceux qui l'habitent de nos jours y font plus que naguère
l'expérience du désert et de la désolation. »[1]

Aucune des deux formes de la temporalité historique propre au
capitalisme (le temps figé et spatialisé, et le flux temporel indéfiniment cumulatif) n'est à sauver selon Marx, on ne peut pas jouer
l'une contre l'autre, on ne peut pas – contrairement, comme on l'a
vu, à ce que pensait Lukacs – s'appuyer sur l'une (le flux temporel
du « progrès ») pour s'opposer à l'autre (l'éternel présent de la
valeur) : après Marx, on peut penser que ce sont deux formes également impropres et aliénées de la temporalité historique. Et ce qui
l'attestait aux yeux de Marx, c'est que ces deux formes sont intrinsè-
quement liées l'une à l'autre : on ne peut pas poser l'une sans que
l'autre se présente aussitôt. Ainsi, nous montrions précédemment
avec Marx que c'est dans la société capitaliste que se forme une
conscience historique et que se constitue une vision historique du
monde : mais ce qui est tout aussi caractéristique de la société capitaliste, c'est sa tendance à s'excepter elle-même de la conscience
historique qu'elle forge de toutes les sociétés autres qu'elle-même.
C'est là quelque chose que Marx a formulé assez tôt, sans attendre

---

1. Ch. Dejours, *Travail vivant, 2 : Travail et émancipation*, Paris, Payot, 2009, p. 183.

les *Grundrisse* ou *Le Capital*, en l'occurrence dès *Misère de la philosophie*. Il attribue ainsi, dans ce texte, aux économistes classiques une vision des choses qu'il résume en ces termes : « il y a eu de l'histoire, mais il n'y en a plus »[1]. Ce qui veut dire que, selon les économistes classiques, il y a eu de l'histoire jusqu'à ce qu'on parvienne enfin aux rapports sociaux de types capitalistes qui sont les seuls « rapports dans lesquels se crée la richesse et se développent les forces productives conformément aux lois de la nature », de sorte que ces rapports sont comme ces lois : ils sont nécessaires, « indépendants de l'influence du temps » et donc éternels. Aussi la société bourgeoise peut-elle se concevoir comme étant le produit d'une longue histoire, mais d'une histoire qui s'arrête avec elle-même puisqu'avec elle sont atteints les rapports sociaux les plus conformes à la nature, ceux auxquels il n'y a plus rien à changer, ceux qui ne peuvent que se reproduire à l'identique dans un perpétuel présent.

On a là une autre manifestation de ce mixte d'historicisme et d'immobilisme, de progrès historique irrépressible et d'imposition d'un éternel présent qui sont bien pour Marx les deux aspects inséparables l'un de l'autre comme tels caractéristiques de la façon dont la société capitaliste se temporalise. Cette temporalisation, on l'a vu, prend à la fois la forme d'un présent essentiellement coercitif, se manifestant comme une norme à laquelle il est impossible de se soustraire, et celle du flux temporel d'un progrès cumulatif, indéfini auquel il est également impossible d'échapper. Ce sont clairement là, selon Marx, les deux façons dont le capitalisme produit la défiguration de l'historicité.

LA DÉFIGURATION DU TRAVAIL

Parvenu à ce point de notre réflexion, la question ne peut manquer de se poser de savoir s'il est possible de penser une forme autre de temporalisation sociale, et si Marx lui-même l'a fait, ou, à défaut, si on peut le faire à partir de lui. Une telle enquête nous

---

1. K. Marx, *Misère de la philosophie*, *Œuvres*, *Economie I*, « Bibliothèque de la Pléiade », Paris, Gallimard, p. 88.

conduirait certainement très loin, mais peut-être est-il au moins envisageable ici de commencer à désigner le terrain à partir duquel il deviendrait possible de conquérir une autre forme de temporalisation historique et sociale. Aussi surprenant que cela puisse paraître à première vue, je crois qu'il peut être utile, afin de tenter de répondre à cette question, de recourir ici à certaines analyses de Heidegger. Ce qui justifie une telle mise en dialogue de Marx et de Heidegger, c'est d'abord le fait qu'ils portent sur ce qu'il advient de l'histoire à l'âge moderne ou bourgeois très exactement le même diagnostic. Voici ce qu'écrit Heidegger sur ce point : « Il n'y eut jamais jusqu'à présent un âge où tout l'advenir historique s'étalât aussi ouvertement que dans le nôtre. Mais, d'un autre côté, aucun âge n'est aussi anhistorique que le nôtre, et dans aucun autre la paresse historique n'est devenue aussi grande »[1]. Heidegger désigne très clairement par là les deux caractéristiques paradoxales du régime d'historicité propre à l'époque bourgeoise déjà mises au jour par Marx, à savoir d'une part l'étalage d'historicité sous la forme de la représentation dominante d'un progrès historique irrépressible et indéfini, et d'autre part, en même temps, la conviction que l'histoire est finie et le règne d'un présent anhistorique dans lequel rien ne peut plus être entrepris qui puisse encore faire histoire. Ces deux caractéristiques, à première vue paradoxales, sont, on l'a vu, en réalité indissociables l'une de l'autre : il faut précisément que l'histoire soit vue comme le lieu d'une accumulation sans fin et d'un progrès irrépressible ou automatique pour qu'on puisse en conclure qu'il n'y a plus rien à faire, qu'il n'y a plus rien qui puisse encore être historiquement entrepris, que tout est présent, déjà donné, achevé et accompli. « "En fin de compte, tout a déjà existé" – une proposition qui sert à entériner le manque de force d'une époque ; elle (...) consolide un état que j'appellerais volontiers l'état de la paresse historique »[2]. Sur la base de ce constat, les questions que pose

---

1. M. Heidegger, *La logique comme question en quête de la pleine essence du langage* (1934), trad. fr. F. Bernard, Paris, Gallimard, 2008, p. 135. Nous serons parfois amenés à modifier cette traduction ; c'est déjà le cas ici, où nous rendons *geschichtlich* simplement par historique et non pas par « historial ».

2. *Ibid.*, p. 135.

Heidegger sont les mêmes que celles posées par Marx : y a-t-il une autre manière d'être historique, d'exister historiquement ? Peut-on envisager un autre régime d'historicité, alternatif au mode d'historicité actuellement régnant sous sa double forme de la contrainte du progrès et du présent coercitif et permanent ? Et, si oui, sur quelle base et comment y accéder ?

Comme Marx, Heidegger lutte contre ce qu'il considère comme les formes d'une défiguration de l'historicité, et il désigne précisément le terrain, le sol à partir duquel il devient possible de mener cette lutte. Toujours dans le cours de 1934 intitulé *La logique comme question en quête de la pleine essence du langage*, Heidegger note ceci : « Parce qu'on a attribué une capacité de travail à la machine, l'homme en tant que travailleur a pu ensuite à l'inverse être rabaissé au niveau de la machine » – jusque là rien qu'on ne trouve à l'identique dans les *Manuscrits de 1844* de Marx et même déjà dans les écrits de Iéna de Hegel, mais la suite est bien plus originale : « conception, ajoute en effet Heidegger, qui est au plus intime d'elle-même inséparable d'une position par rapport à l'histoire et au temps qui les prend dans le sens de l'inessentiel qui défigure l'essence de l'être historique »[1]. Heidegger indique ici que la défiguration de l'essence de l'être historique doit être comprise comme la conséquence d'une première défiguration qui est d'abord la défiguration du travail. Une telle défiguration du travail se produit à partir du moment où on ne se contente pas de mettre les machines au travail ou de faire travailler des machines, mais où on se met à considérer que la proposition « les machines travaillent » peut avoir du sens : à partir de ce moment là, dès lors donc qu'on pense que les machines et les hommes ont en commun la capacité de travail, et que la force de travail des hommes peut être confondue avec une capacité machinique de travail, à partir de ce moment là, donc, c'est l'essence même du travail humain qui ne peut qu'être manquée, voire perdue : et la meilleure preuve de cette perte, c'est justement qu'on ne sait plus qu'à proprement parler *seul l'homme travaille*, et que les autres étants, notamment les animaux (une mule ou un

---

1. M. Heidegger, *La logique comme question en quête de la pleine essence du langage*, *op. cit.*, p. 159.

cheval) et les machines (un métier à tisser à vapeur), sont en réalité ontologiquement « *arbeitslos* », c'est-à-dire sans travail ou dépourvus du travail. Soit, mais comment Heidegger peut-il dire que cette occultation ou perte du sens du travail comme travail *humain* engendre comme conséquence une certaine position par rapport au temps et à l'histoire qui les prend tous deux dans un sens inessentiel et engendre une défiguration de l'essence même de l'historicité ? Où est et quel est le lien entre une défiguration de l'essence du travail humain et une défiguration de l'essence de l'historicité ?

Je crois que, pour le comprendre, il faut garder à l'esprit que les Allemands entendent ou, en tout cas, *peuvent* entendre dans le mot *Arbeit* quelque chose de très différent de ce que nous entendons immédiatement dans notre terme de « travail ». C'est cette différence fondamentale qui est indiquée et rappelée par Ernst Jünger, précisément dans une lettre à Heidegger : « *Travail* remonte au latin *tripalium*, un instrument de torture ; *Arbeit* provient du gothique *arpeo*, qui signifiait héritage. » [1] Cela signifie que le terme de *Arbeit* contient en lui-même, en raison de sa provenance à partir d'un mot signifiant « héritage », la référence au temps et à l'histoire, référence qui est en revanche tout à fait absente de notre terme « travail ». Or c'est justement cette signification là de la « *Arbeit* », avec sa référence au temps et à l'histoire, que Heidegger cherche à reconquérir contre la défiguration qu'elle a subie et qu'elle subit en prenant la forme d'un « travail » productif qui peut être attribué aussi bien aux hommes qu'aux machines et aux animaux. Pour lutter contre la défiguration de l'historicité mise en œuvre par notre époque, Heidegger cherche à prendre pied sur un sol, un terrain à partir desquels cette lutte peut être menée : ce sol, qui me paraît fondamentalement commun à Heidegger et à Marx, est celui du « travail » compris comme *Arbeit*, c'est-à-dire compris en un sens qui n'a définitivement plus rien à voir avec la défiguration que l'âge bourgeois a fait subir à la fois au travail en faisant de lui la substance de la valeur sous la forme du travail abstrait quantifiable en unités de temps, et au travailleur ou à l'homme-au-travail en faisant de lui le

---

1. Ernst Jünger/Martin Heidegger, *Correspondance 1949-1975*, trad. fr. J. Hervier, Paris, Christian Bourgois, 2010, p. 114.

propriétaire d'une capacité de travail elle aussi quantifiable en unité de temps.

Sur ce sol, en effet, peut se conquérir une temporalité et une historicité radicalement hétérogènes à la temporalité impropre qui préside à la compréhension de l'histoire à la fois comme règne contraignant d'un éternel présent, et comme progrès automatique s'alimentant indéfiniment lui-même. Le temps du « travail » comme *Arbeit*, ou la temporalité ouverte par le travail comme *Arbeit* est en effet tout autre que cette pure forme perpétuellement au présent et constamment contraignante dans laquelle tombe un progrès indéfini et automatique. Le « travail » comme *Arbeit* n'est pas ce travail quantifiable par unités abstraites de temps, il n'est pas le travail identique dans tous les travaux singuliers et qualitativement distincts, il n'est donc pas ce que Marx appelle le « travail abstrait » sans lequel quelque chose comme la valeur ne pourrait exister, ce même travail abstrait qui est aussi à la source de la défiguration de la temporalité historique sous la double forme du présent immobile, du cadre perpétuellement reproduit à l'identique de la valeur, et du progrès continuel et indéfini par accroissement permanent du savoir et des moyens de produire, c'est-à-dire de la productivité du travail. Le travail dont parle Heidegger semble ainsi devoir tomber du côté de ce qui chez Marx s'appelle « travail concret » et « travail vivant ».

Pourtant, on semble être extrêmement loin de Marx quand on lit la définition du travail que Heidegger donne ici, et dont voici les termes : « Réaliser notre vocation, la mettre en œuvre et l'amener à l'œuvre à chaque fois dans la sphère définie de ce qu'il y a à faire – cela s'appelle travailler »[1]. On semble être ici d'autant plus loin de Marx que Heidegger croit nécessaire d'ajouter ceci : « Le travail n'est pas une occupation quelconque dont nous nous acquittons par calcul, à cause d'une situation de besoin, pour passer le temps ou par ennui (…); le travail, c'est ici (…) l'empreinte et l'armature que donnent l'accomplissement de notre mission et la réalisation de ce que nous avons en charge, à chaque fois dans l'instant historique »[2].

---

1. M. Heidegger, *La logique comme question en quête de la pleine essence du langage*, *op. cit.*, p. 153.

2. *Ibid.*, p. 153-154.

Certainement Heidegger pense-t-il que Marx fait partie de ceux qui ont réduit le travail à une simple « occupation » à laquelle on se livre pour faire face à une situation de besoin, et que par là Marx devrait donc être compté au nombre de ceux qui ont raté l'essence du travail. Je pense qu'il a tort sur ce point : avec Marx, en effet, on peut dire que la seule manière de comprendre le travail comme réalisation d'une vocation, comme mise en œuvre d'une vocation et comme l'activité de donner objectivement forme d'œuvre à cette vocation, c'est justement de commencer par reprendre pied sur le sol du travail concret qui, sous la forme d'une infinie variété de travaux qualitativement distincts, produit non pas de la valeur, mais effectivement ce que Heidegger appelle des « œuvres », et que Marx nomme pour sa part de la « richesse réelle » qui satisfait des besoins humains[1].

TRAVAIL, TEMPS ET HISTOIRE

Ceci dit, la question demeure de savoir en quoi le fait de prendre pied sur le sol ferme du travail concret producteur d'œuvres (Heidegger) ou de richesse réelle (Marx), et non de valeur, peut permettre l'accès à une temporalité qui elle-même ouvre une forme authentique et essentielle d'historicité. Pour le comprendre, il faut partir de l'idée propre à Heidegger selon laquelle ce qu'il appelle « le monde du travail »[2] appartient essentiellement à la dimension du présent. Mais en prenant garde au fait que le présent en question n'est justement pas le présent permanent du travail abstrait et de la reconduction perpétuelle du cadre normatif de la valeur. Le présent du « monde du travail » est le présent de l'entrée en présence de tout étant, le présent de la manifestation de tout étant, et c'est au cœur de cette manifestation de l'étant que, par le travail, est transporté l'existant (*Dasein*) humain : « c'est dans le travail et par lui

---

1. Sur la distinction fondamentale chez Marx entre la « valeur » (*Wert*) et la « richesse » (*Reichtum*), voir M. Postone, *Temps, travail et domination sociale*, *op. cit.*, notamment p. 343-347. Sur le même point et du même auteur, voir aussi son article « Théorie critique et réflexivité historique » in F. Fischbach (dir.), *Marx. Relire* Le Capital, Paris, P.U.F., 2009, p. 149-154.

2. E&T, § 69, p. 414.

que l'étant nous devient d'abord manifeste dans ses régions déterminées, et l'homme, en tant que travaillant, est transporté dans la manifestation de l'étant et de son ordonnance »[1]. Où l'on comprend pourquoi, dans *Être et Temps*, l'accès à la structure de l'être-dans-le-monde se faisait à partir de la description phénoménologique du rapport pratique que l'existant quotidien et préoccupé entretient avec les choses toujours d'abord considérées par lui comme des choses maniables et comme des outils pour l'accomplissement d'une certaine tâche : c'est « dans l'à-dessein-de-quelque-chose » (structure même de l'étant en tant qu'outil pour un travail) que « se découvre l'être-dans-le-monde existant en tant que tel »[2], et c'est donc bien à partir du monde quotidien comme « monde du travail » (*Werkwelt*) qu'on accède à la dimension même du monde ou de l'être-dans-le-monde, au sein de laquelle les étants viennent à l'encontre de l'existant et entrent pour lui dans la manifestation selon la stricte mesure où l'existant a été transporté dans cette dernière par le travail[3]. Le présent du travail est donc tout sauf le présent de l'être subsistant faisant objectivement face à l'homme lui-même considéré comme sujet, c'est le présent de l'entrée en présence, le présent du transport, non pas du sujet, mais de l'existant hors de lui-même dans le monde, « au-dehors et au-delà de soi ».

Tel est donc ce qu'effectue le travail : le transport de l'existant hors de soi au milieu du monde, « l'exposition au dehors [qui] nous transporte à l'ordonnance de l'être qui est libéré en aboutissant à l'œuvre »[4]. Ce qui signifie aussi bien que c'est par le travail que devient possible un accès à la temporalité véritablement propre à l'existant, elle-même condition de l'ouverture d'une historicité qui lui soit également véritablement propre : l'exposition au dehors

---

1. M. Heidegger, *La logique comme question en quête de la pleine essence du langage*, *op. cit.*, p. 182. Nous corrigeons la traduction et rendons *die Offenbarkeit* par « la manifestation » en lieu et place de « la manifesteté » dont nous sommes bien en peine de savoir ce que cela peut vouloir dire en français.

2. E&T, § 31, p. 188.

3. Voir J. Vioulac, *L'époque de la technique. Marx, Heidegger et l'accomplissement de la métaphysique*, Paris, P.U.F., 2009, particulièrement le chapitre 1, « Technique et monde ».

4. M. Heidegger, *La logique comme question en quête de la pleine essence du langage*, *op. cit.*, p. 184.

et le transport hors de soi qui, comme dit Heidegger, font « exploser l'être-sujet », et qui sont effectués par le travail, sont aussi les plus sûrs indices de la puissance même du temps, à savoir de sa puissance de « désincarcération de l'essence de l'existant humain » [1] par quoi l'existant est d'abord porté au-delà de lui-même dans la manifestation de ce qui entre en présence, avant d'être étendu aussi à l'ayant-été[2] et à l'avenir.

LE TRAVAIL ET L'ADVENIR DE L'EXISTENCE HISTORIQUE PROPRE

Or c'est là précisément, me semble-t-il, que peut avoir lieu la rencontre de Heidegger et de Marx. « Que l'existant soit transporté dans le présent du travail, écrit Heidegger, et qu'il s'étire dans l'avenir et dans l'ayant-été, c'est quelque chose qu'on ne peut pas entendre en restant dans l'optique de l'être subsistant de sujets individuels, qui sont dotés d'un intérieur, autour duquel il y a aussi quelque chose à l'extérieur »[3]. C'est donc que, pour Heidegger comme pour Marx, le travail peut être le lieu d'un advenir de l'histoire, à condition de penser, avec Heidegger, que « l'advenir de l'histoire est en soi : exposé-au-dehors – transporté – s'étirant »[4]. Ce que Heidegger cherche à penser, c'est « l'éclatement que fait subir la temporalité à l'égoïté et à la subjectivité » : et un tel « éclatement » a d'abord lieu par le travail et dans le monde du travail en tant qu'ils rendent manifeste à l'existant « l'exposition-au-dehors de son être »

---

1. *Ibid.*, p. 185.
2. M. Heidegger distingue deux significations du passé. Il y a d'abord le passé au sens de ce qui s'en est allé dans le passé, au sens donc de ce que les allemands appellent *die Vergangenheit* ou *das Vergangene*. Et il y a ensuite le passé au sens *die Gewesenheit* ou de *das Gewesene* : le terme est formé sur le participe passé (*gewesen*) du verbe être (*sein*). Ainsi « j'ai été » se dit *ich bin gewesen*. C'est pourquoi je choisis de traduire *das Gewesene* par « l'ayant-été » et non pas par « l'être-été » ou « l'étant-été » qui ne correspondent à rien de sensé en français. A la différence de *das Vergangene* (qui désigne quelque chose de passé, un événement appartenant au passé, quelque chose de tombé ou de sombré dans le passé), *das Gewesene* désigne une possibilité d'existence qui a été celle d'existants humains : cette possibilité d'existence n'est pas passée au sens où elle serait révolue en tombant dans le passé ; en tant que possibilité d'existence elle fait signe vers nous depuis le passé, elle vient vers nous et elle peut être reprise à notre propre compte par nous.
3. *Ibid.*, p. 184.
4. *Ibid.*, p. 188.

précisément comme constitutive de cet être même. Ce qui est ainsi établi par Heidegger, c'est le lien entretenu par le travail, compris de manière essentielle, avec l'éclatement du sujet, la destruction du « *je* séparé et retranché », et donc aussi avec le déploiement de la puissance du temps, avec « l'éclatement » que cette puissance fait subir à la subjectivité, et avec l'ouverture d'une historicité radicalement distincte de celle qui règne actuellement, interprétée non plus à partir du présent de ces étants subsistants que sont les sujets et leurs objets, mais à partir de l'extension signifiée par l'ayant-été, l'avenir et le présent comme ouverture.

Où il apparaît que tout cela n'est guère compréhensible indépendamment de ce que Marx avait déjà établi, à savoir : le lien entre le travail compris comme travail abstrait, comme dépense d'une capacité abstraite et quantifiable de travail, donc comme substance de la valeur, et la conception de l'homme comme d'un sujet « séparé et retranché », distinct et séparé d'un « monde » lui-même uniquement compris et considéré comme « objet » – à savoir un dispositif dont on a vu que découlaient, d'une part, la conception du temps aussi bien comme forme vide que comme mesure du mouvement (c'est-à-dire de la dépense de la capacité subjective de travail), et, d'autre part, la conception de l'histoire à la fois comme progrès cumulatif automatique et comme règne d'un présent perpétuel. C'est contre cet état de fait d'une défiguration aussi bien du travail que de l'historicité – dont on ne peut vraiment faire le diagnostic qu'avec Marx – que Heidegger cherche à conquérir à la fois un autre concept de travail et un autre concept de l'histoire : au fond il s'agit pour Heidegger de parvenir à mettre au jour l'idée selon laquelle c'est le travail qui est la source de l'historicité, et c'est le travail qui fait du temps un temps historique. Et si le travail est le lieu où peut s'ouvrir un temps proprement historique (*geschichtlich*), c'est parce que le travail est le lieu même de l'advenir (*Geschehen*) de l'existence proprement humaine.

Mais c'est aussi précisément là ce que nous avons le plus de difficulté à comprendre, et même tout simplement à entendre. Et cette difficulté est inséparable du fait que règne aujourd'hui ce que Heidegger appelle « la conception courante du temps », c'est-à-dire la conception du temps qui en fait « une forme vide dans laquelle tout peut être empaqueté », qui considère « le temps comme un *déroulement (Ablauf)*, comme un *mouvement qui passe (Vergehen)* en nous laissant indifférents et au long duquel notre quotidien file et ainsi passe avec lui » – une conception dont Heidegger dit expressément qu'elle est *« eine entfremdete Vorstellung »*, une « représentation aliénée, au regard de l'être véritablement propre et le plus propre de l'homme »[1]. L'aliénation consiste en l'occurrence et de façon précise en ce que nous sommes rendus incapables de comprendre que l'advenir temporel et historique n'appartient en réalité qu'à l'existant humain, et plus exactement à l'existant humain en tant qu'il travaille : au lieu de cela nous faisons de l'histoire un simple processus extérieur et au fond indifférent qui tombe dans le temps, celui-ci étant lui-même compris comme « forme vide, déroulement et espace »[2]. Et c'est cela qui nous rend incapables de faire la moindre différence entre, d'une part, un processus mécanique, chimique, géologique ou astronomique et, d'autre part, un mouvement par quoi quelque chose advient historiquement : tout cela est du pareil au même en ce que tout cela semble avoir comme point commun de tomber dans le temps.

Et pourtant il faudrait pouvoir faire là une distinction fondamentale. En effet, remarque Heidegger, « les faits qui se produisent sur la terre, chez les plantes et chez les animaux sont certes des *déroulements* et des *processus* dans le cadre du temps », mais il ajoute deux choses. D'abord que cela n'est pas vrai en soi et de toute éternité, mais que c'est vrai pour nous et dans l'époque historique qui est la nôtre : considérer que les faits naturels sont des processus qui se déroulent dans le cadre du temps, et considérer qu'il va de soi d'approcher les faits naturels de cette manière, cela se produit, note Heidegger, « selon la détermination qui est maintenant la nôtre et que nous éprouvons comme notre propre advenir historique »[3]. C'est donc notre propre manière actuelle d'advenir et d'exister historiquement qui fait qu'en elle il nous apparaît comme

1. M. Heidegger, *La logique comme question en quête de la pleine essence du langage*, *op. cit.*, p. 157.
2. *Ibid.*
3. *Ibid.*, p. 158.

évident et allant de soi que les faits naturels sont des déroulements qui tombent dans la forme du temps. Et non seulement c'est une évidence pour nous, mais en outre, dans l'époque qui est la nôtre, c'est quelque chose de vrai. « Il ne faut pas croire, écrit à ce sujet Heidegger, que la représentation pour nous courante du temps (le temps comme forme vide, comme déroulement et espace) serait quelque chose de faux ; elle a bien plutôt sa propre vérité et nécessité et elle appartient bien, essentiellement, à notre être historico-temporel propre ». Où Heidegger veut dire que cette représentation du temps est objectivement vraie au sein de la configuration historique qui est la nôtre, exactement comme Marx disait que, à l'époque de la production marchande capitaliste, les marchandises ont des relations sociales les unes avec les autres, *et que c'est vrai*, de sorte que ce n'est pas simplement une illusion subjective.

Or cette évidence, et même cette vérité de la conception courante du temps est telle pour nous que nous l'étendons, sans que cela ne nous pose la moindre difficulté, à toutes les formes de processus, à commencer par les processus de type historique qui sont pour nous également des successions de maintenant tombant dans le cadre du temps. D'où la seconde remarque de Heidegger : « mais, dit-il, les pierres, les animaux et les plantes ne sont pas eux-mêmes temporels au sens original où nous le sommes nous-mêmes »[1]. Et si ces êtres ne sont pas temporels à la façon dont nous le sommes, ou plutôt, si nous ne sommes pas temporels comme eux le sont, c'est-à-dire comme des êtres dont l'existence se déroule dans le cadre du temps, c'est d'abord et essentiellement parce que ces êtres ne sont pas des êtres qui travaillent. « Il est clair que les animaux et les plantes ne travaillent pas », écrit Heidegger, ajoutant : « non pas parce qu'ils sont insouciants, mais parce qu'ils sont hors de la possibilité de travailler ». Ainsi, « même le cheval qui tire le chariot ne travaille pas ; il est seulement attelé à un événement de travail de l'homme »[2]. Or des êtres qui ne travaillent pas sont des êtres qui ne font pas advenir temporellement leur existence, ce sont des êtres dont

1. M. Heidegger, *La logique comme question en quête de la pleine essence du langage, op. cit.*, p. 158-159.
2. *Ibid.*, p. 159.

l'absence de travail ou la pauvreté en travail ne permet pas qu'ils fassent historiquement advenir leur existence. On peut dire aussi que ce sont des êtres qui ne sont pas suffisamment dans le monde pour pouvoir en être extraits au point de devenir des sujets auxquels fait face une réalité subsistance et objective, ou encore : ce sont des êtres qui ne sont pas suffisamment historiques pour pouvoir subir une défiguration de leur historicité.

Où l'on voit que l'extension du temps, comme cadre constamment au présent dans lequel se succèdent les maintenant, à toutes les formes de processus et de mouvement, y compris « historique », est elle-même inséparable de l'extension du travail à toutes les formes d'activité de production, notamment animale mais aussi machinique en vertu de « l'attribution d'une capacité de travail à la machine ». Heidegger voit très bien que le temps, l'histoire et le travail sont défigurés et dénaturés en même temps et d'un seul mouvement, qu'on ne dénature par l'un sans aussitôt dénaturer également les autres ; de même, il voit bien que l'extrême difficulté que nous avons à comprendre le travail comme l'activité par laquelle l'existant humain fait historiquement advenir son existence est directement liée à la quasi impossibilité où nous sommes de comprendre le temps lui-même autrement que comme un cadre indifférent dans lequel se succèdent des maintenant. Et il voit très bien également la nécessité qu'il y a à lutter contre une époque qui mutile à ce point l'existence humaine en dénaturant si radicalement l'histoire, le temps et le travail humains. « Voilà tout ce qui reste, écrit-il : démanteler et détruire ce qui a prévalu jusqu'ici sans jamais faiblir ». Et il ajoute même explicitement la visée en fonction de laquelle il faut faire cela : « le souci envers les critères et la configuration d'essence de notre être historique », « l'étalonnage [des dits critères] selon la vocation et l'œuvre », et, surtout, assurer et garantir « la dignité inviolable de chaque travail »[1].

---

1. *Ibid.*, p. 195. Il n'est évidemment pas indifférent, au contraire, il est hautement significatif que cette visée soit placée par Heidegger sous le titre de « socialisme », « un titre, dit-il, qui doit caractériser la configuration de notre être historique » (*ibid.*). Nous laissons notre lecteur constater lui-même, à l'examen du contexte de cette proposition et de l'ensemble de ce cours de 34, que le « socialisme » ici invoqué n'est pas « national » – populaire peut-être (et comment un socialisme pourrait-il ne pas l'être ?), mais certainement

Rendre visible le travail

Mais quant à savoir d'où provient une telle dénaturation de l'historicité, du temps et du travail humain, c'est certes une question que Heidegger pose, mais c'est aussi une question qu'il laisse sans réponse. Que la question soit posée, c'est ce qu'atteste ce passage : « *Comment* s'accomplit l'émergence du temps, tel qu'il vaut couramment pour nous, à partir du temps original, nous ne pouvons ici l'exposer, ni non plus pourquoi le concept courant du temps a pu et a dû d'abord et pour longtemps devenir dominant dans l'histoire de l'homme »[1]. Si Heidegger est ici contraint de renoncer à conduire plus loin son enquête et son questionnement, je pense que cela est lié à quelque chose qu'il n'aperçoit pas : à savoir que l'extension de la conception du temps comme cadre à la fois présent et vide à tous les types de processus et de mouvement, y compris le mouvement historique de l'advenir de l'existence humaine, de même que l'extension du concept de travail à ce qui n'en relève pas et aux êtres qui sont ontologiquement *arbeitslos* – que cette double extension est indissociable du règne du travail comme abstraction réelle.

En d'autres termes, il faut que le travail humain ait adopté historiquement et de façon dominante, voire exclusive, la forme sociale du travail salarié pour que règne également historiquement et socialement la forme du temps qui est celle des déroulements et des processus aussi bien naturels que techniques – cette forme du temps qui est à la fois statique (parce que cette forme est toujours au présent) et dynamique (parce que c'est une forme pour des processus cumulatifs). La dénaturation du temps et de l'histoire tient ici au fait que la forme du travail salarié, c'est-à-dire la forme prise par le travail en tant que capacité abstraite et subjective de travail captée et

---

pas « national-populaire » ou *völkisch*, un vocable relativement auquel Heidegger prend ici autant de distance (*cf.* p. 78-83) qu'il est possible d'en prendre quand on fait cours en 1934 dans une université allemande devant des étudiants dont une bonne part porte l'uniforme des SA (étant entendu qu'une autre possibilité existait aussi, que Heidegger n'a pas fait sienne : celle de ne pas faire cours dans ces conditions-là). Sur ce point, je me contenterai de citer seulement ceci : « à l'aide d'une caractéristique interne et trouvée en nous, *par exemple une caractéristique biologique*, on parvient aussi peu à atteindre notre existence ici et maintenant qu'avec une détermination géographico-astronomique » (souligné par moi, *ibid.*, p. 73).

1. *Ibid.*, p. 157.

enrôlée par le capital – que cette forme donc dissimule, au point de le rendre quasiment invisible, le fait que le travail est l'activité par laquelle les hommes font advenir temporellement leur existence en tant qu'existence historique.

Ce qui devient ainsi inapparent sous la domination du travail abstrait enrôlé comme tel dans le procès de la valorisation de la valeur, c'est ce que Marcuse décrivait en des termes directement empruntés à son maître Heidegger : à savoir que « le travail est un concept ontologique, c'est-à-dire un concept qui saisit l'être même de l'existence humaine comme tel »[1], que le travail est « l'advenir fondamental de l'existence humaine »[2] en tant qu'il est « la *praxis* spécifique de l'homme inséré dans le monde » et qu'il est « une "tâche" (*Aufgabe*) proposée à l'existence humaine en tant que telle »[3], que « le travail n'est absolument pas originairement un phénomène relevant de la dimension économique, mais qu'il a ses racines dans l'advenir de l'existence humaine elle-même »,[4] et enfin, que « c'est uniquement et seulement dans le travail que l'homme devient effectif en tant qu'historique »[5] ou qu'il y a « une historicité de l'homme au travail » parce que, « en tant que l'homme travaille, il s'insère *actu* au sein de la situation très concrète de l'histoire, il s'explique avec le présent de celle-ci, il en accueille le passé et en élabore l'avenir »[6]. En d'autres termes, dans et par le travail, l'homme fait advenir temporellement son existence en tant qu'existence historique dans la mesure où « la *praxis* humaine est un travail sur et dans le présent au moyen d'une reprise transformatrice du passé dans le souci de pourvoir à l'avenir »[7].

---

1. H. Marcuse, « Les fondements philosophiques du concept économique de travail » (1933), dans H. Marcuse, *Culture et société*, trad. fr. G. Billy, D. Besson, J.-B. Grasset, Paris, Minuit, 1970, p. 24. Nous nous réservons la possibilité de modifier la traduction citée, chaque fois que nous le jugeons nécessaire, sur la base du texte suivant : H. Marcuse, *Kultur und Gesellschaft II*, Frankfurt a. M., Suhrkamp, 1966.

2. *Ibid.*, p. 27.

3. *Ibid.*, p. 28.

4. *Ibid.*, p. 33.

5. *Ibid.*, p. 47.

6. *Ibid.*, p. 46.

7. *Ibid.*, p. 47.

Ce qu'on trouve là énuméré par Marcuse comme autant de caractéristiques essentielles du travail en tant que le travail est « une catégorie de l'existence humaine *comme* existence historique », comme existence se faisant elle-même historiquement advenir et laissant par là en même temps advenir le monde, ce sont précisément les caractéristiques du travail que l'homme travaillant dans le cadre du rapport salarial se trouve *de facto* empêché d'accomplir. Le tour de force accompli par le rapport salarial, par l'enrôlement du travail et sa soumission réelle au capital, c'est d'être parvenu à faire du travail humain exactement l'inverse de ce qu'il est, c'est d'être parvenu à instituer socialement en tant que forme dominante du travail cela même qui en constitue la plus complète défiguration : on appelle « travail » aujourd'hui justement ce qui n'en est pas. Si le travail est l'activité même par laquelle les existants humains font advenir temporellement leur existence en tant qu'êtres dans le monde, alors ce sens-là du travail est directement contredit lorsque le travail est contraint d'adopter la forme d'une capacité abstraite de travail qui ne vaut comme telle que précisément à être séparée de tout monde où elle puisse s'insérer et où elle puisse se donner à elle-même les conditions de son propre accomplissement.

Alors, me demanderez-vous : que faire ? C'est une question à laquelle il ne me revient certes pas de répondre à la place des acteurs eux-mêmes. Je ne peux y répondre que pour autant qu'elle concerne la théorie et la philosophie. Et, de ce point de vue là, une réponse me paraît s'imposer : dans et par la théorie, il faut s'opposer à toutes les formes de discours et à tous les procédés qui aboutissent à produire et à engendrer une invisibilisation du travail. Dans le contexte des vingt dernières années, où les contradictions dans le travail sont devenues de plus en plus fortes et ont été de plus en plus fortement et douloureusement ressenties par les travailleurs salariés eux-mêmes, notamment du fait de la généralisation des méthodes de gestion managériale du travail, la grande opération théorético-idéologique a consisté à vouloir se convaincre de ce que le travail ne serait plus le pivot autour duquel tourne la question sociale, et qu'en conséquence la question sociale elle-même, sinon ne se posait plus, du moins devait être déplacée et reformulée autour d'un autre axe que celui du travail : c'est ainsi qu'on nous a longuement et copieusement expliqué que la question n'était plus tant celle du travail que celle de « l'emploi », voire que nous étions entrés dans une nouvelle période caractérisée par la fin de la « centralité » du travail, quand ce n'est pas carrément par la « fin du travail ». De ces procédés qui ont tous pour effet de rendre le travail invisible, il faut prendre systématiquement le contrepied en posant fermement qu'il n'y a pas d'autre mode d'advenue de l'existence humaine dans le monde que dans et par le travail, et que c'est par le travail que les hommes temporalisent leur existence individuelle et historicisent leur existence collective.

De sorte que ce dont il s'agit, ce n'est certes pas de prophétiser une quelconque « fin du travail », ce n'est pas non plus d'aller annoncer un peu partout hypocritement la bonne nouvelle du retour de la « valeur travail » (ce qui est assurément la plus perverse des manières de rendre le travail invisible en le déréalisant pour en faire une valeur morale), mais c'est au contraire de maintenir qu'il n'y pas moyen pour une vie humaine d'advenir autrement et ailleurs que dans le travail – ce qui implique de lutter partout où on le peut, et comme on peut, contre les procédures et les dispositifs qui entravent la possibilité que le travail soit la pratique par laquelle les hommes font historiquement advenir leur existence dans le monde [1].

---

1. Et, de fait, qu'elles qu'en soient les modifications et les transformations, au premier rang de ces dispositifs démondanéisants demeure et subsiste encore et toujours le rapport salarial : se libérer de ce rapport, ce serait libérer le travail, et non l'abolir.

EPILOGUE

Il y a selon nous urgence à considérer de nouveau le travail comme une question centrale. Le dispositif salarial nous paraît en effet être historiquement déterminant en ce qu'à la fois il suppose et engendre des sujets extraits du monde, faisant par là du travail l'autre exact de ce qu'il est, à savoir ce par quoi les existants humains font advenir historiquement leur existence en l'insérant dans le monde. Le capitalisme apparaît ainsi, à travers la forme historiquement tout à fait spécifique qu'il fait prendre au « travail » en lui, comme la mise en œuvre d'un processus de démondanéisation dont le double effet est de faire du monde une objectivité « naturelle » subsistant dans l'espace indépendamment des sujets, et du temps « historique » un milieu vide et homogène dans lequel se déroulent des processus cumulatifs automatiques. Ce dispositif salarial entraine, on l'a vu, deux conséquences apparemment contradictoires : d'une part une extension – confinant à la dilution – du concept de travail, concept qui se met à valoir aussi bien du travail de l'homme que de celui de la machine ou encore de celui des bêtes ; et d'autre part une restriction tout aussi grande de ce même concept de travail puisque n'est plus considéré comme travail véritable que le travail productif de valeur s'accomplissant dans le cadre du rapport salarial.

Qu'il faille mener une critique du travail sous ce second aspect (le premier ayant été traité dans ce qui précède), celui de la restriction qu'il subit sous le capital en étant réduit aux seules activités productrices de valeur et de survaleur, c'est une nécessité à laquelle nous ont rappelé, dans la dernière période, des écrits comme ceux de Moishe Postone aux Etats-Unis ou d'Antoine

Artous en France. Et c'est une critique que l'on peut mener de deux manières : soit en montrant que la réduction du travail aux seules activités productrices de valeur engendre une mutilation du travail humain dans la mesure où il est, à l'inverse de cette restriction, une activité susceptible d'adopter une variété quasi infinie de formes ; soit, inversement, en montrant que cette réduction a paradoxalement pour effet de conférer au travail un rôle et une fonction extraordinairement étendus qui consistent à faire de lui le porteur et le vecteur de toutes les médiations sociales. On montre alors, avec Moishe Postone, que dans une société fondée sur l'abstraction de la valeur et la valorisation de la valeur, il revient indument au travail, à la fois comme travail abstrait et comme capacité abstraite de travail, d'assumer le rôle de porteur des médiations sociales dans leur ensemble. Où l'on voit, soit dit en passant, que restriction et extension, mutilation et dilution ne sont contradictoires qu'en apparence : c'est bien la restriction par le capitalisme du travail aux seules activités productrices de valeur et de survaleur qui a en même temps pour effet de conférer au travail une fonction sociale d'une importance et d'une extension qu'il n'a jamais connues auparavant dans aucun autre type de société[1].

Dans le cadre d'une critique de ce genre, on est conduit à reprendre le thème, apparu chez Marx dans *L'idéologie allemande*, d'une « abolition du travail »[2]. La pleine et entière légitimité de ce thème et de cet axe critique tient au fait que, sous le capital, il n'y a au fond plus d'autre travail que le seul travail producteur de valeur et de survaleur (c'est-à-dire ce que Marx appelle le « travail productif »[3]), de sorte que la libération à l'égard du capital se comprend comme « une émancipation radicale du travail – à comprendre comme génitif objectif : l'émancipation des hommes

---

1. M. Postone, *Temps, travail et domination sociale*, *op. cit.*, p. 545-583.

2. Marx-Engels, *L'idéologie allemande*, *op. cit.*, p. 96.

3. K. Marx, *Le chapitre VI. Manuscrits de 1863-1867*, trad. fr. G. Cornillet, L. Prost, L. Sève, Paris, Éditions sociales, GEME, 2010, p. 212 : « Est *productif* le *travailleur* qui fournit du *travail productif*, et *productif* est le *travail* qui crée immédiatement de la *survaleur*, c'est-à-dire qui *valorise* le capital ».

d'avec le travail, et la (re)-séparation du *travail* et de l'*activité*»[1].
Reste que cette visée de l'abolition du travail vient heurter de plein
fouet le sens commun pour qui, spontanément, «il faudra bien que
les hommes, toujours, travaillent», de sorte que, toujours selon le
sens commun, il y va plutôt et d'abord d'une émancipation du
travail, mais au sens cette fois d'un génitif subjectif : il s'agit non pas
de se libérer *du* travail, mais de libérer le travail, et donc de se libérer
dans le travail. Ce que le sens commun comprend spontanément,
c'est que le travail est l'activité humaine constitutive de la société et
de la richesse, et qu'il n'y a pas de société humaine qui puisse
subsister comme telle sans le travail ainsi compris. De sorte que, ce
dont il s'agit de se libérer, ce n'est pas du travail compris en ce sens,
mais du travail dans la forme qu'il prend spécifiquement lorsqu'il
est soumis réellement au capital, à savoir la forme d'une activité
enrôlée dans et par le procès de valorisation du capital, et qui ne peut
y être enrôlée qu'en prenant la forme d'une médiation sociale
abstraite, constitutive non pas de la richesse mais de la valeur,
s'imposant aux individus selon toute la gamme des formes que
peut prendre la contrainte, y compris les formes consenties, ou
«joyeuses» comme dirait F. Lordon.

Au fond, ce qu'il s'agit de tenir ensemble, c'est la double thèse
de Marx selon laquelle, d'une part, «être un travailleur productif
n'est pas une chance, mais une déveine»[2], et d'autre part : «le
procès de travail est l'appropriation de l'élément naturel en fonction
des besoins humains, il est la condition générale du métabolisme
entre l'homme et la nature, la condition naturelle éternelle de la vie
des hommes»[3]. S'il faut en effet vouloir abolir la déveine du travail
productif, c'est-à-dire «d'un rapport social spécifique, né de
l'histoire, qui appose sur le travailleur le sceau de moyen de valorisation immédiat du capital», comment en revanche s'émanciper
d'une «condition naturelle éternelle de la vie des hommes»? S'il
faut continuer sans relâche à arracher minute après minute, jour

---

1. F. Lordon, *Capitalisme, désir et servitude. Marx et Spinoza*, Paris, La Fabrique
éditions, 2010, p. 171.
2. K. Marx, *Le Capital*, Livre 1, *op. cit.*, p. 570.
3. *Ibid.*, p. 207.

après jour et année après année, autant de temps de vie qu'il est possible d'en soustraire à l'emprise du travail productif, c'est-à-dire de la valeur et du capital, ce doit être avec la visée de rendre possible un travail qui soit l'advenue historique de l'existence humaine dans le monde[1], c'est-à-dire, aussi bien, son intégration aux forces de la nature : « l'existant humain, en tant que travaillant, est inséré dans l'être de la nature et des forces naturelles, dans l'être des œuvres produites, des habiletés acquises et des conditions créées »[2].

Mais sans doute, pour être bien compris, faut-il encore que je précise que cet advenir comme insertion par le travail dans l'être de la nature (que Heidegger donne lui-même[3] comme équivalent à l'être-dans-le-monde), n'a rien à voir avec ce que Benjamin voyait à juste titre comme « la conception du travail, caractéristique d'un marxisme vulgaire, qui n'envisage que les progrès de la maîtrise de la nature, non les régressions de la société »[4] : une conception de ce genre serait l'exact opposé de la nôtre – ce qu'atteste le fait qu'elle s'adosse, d'une part, à la conception d'un sujet souverain (« comme maître et possesseur de la nature »), et d'autre part à « l'idée d'un progrès de l'espèce humaine à travers l'histoire », une idée en elle-même « inséparable d'un mouvement dans un temps homogène et vide »[5]. Le travail qui est à abolir, c'est le travail qui, comme travail productif enrôlé dans le procès de la valorisation du capital, suppose et reproduit indéfiniment à la fois le sujet abstrait, le progrès automatique et le temps vide. Mais, comme Benjamin l'avait déjà aperçu, cette abolition est à accomplir au profit « d'une forme de

---

1. C'est pourquoi mon accord avec Emmanuel Renault est complet quand il note que, « chez Marx, l'exigence d'une réduction du temps de travail au minimum n'est pas solidaire de l'idée que la liberté ne peut se réaliser qu'au-delà du travail » (« Comment Marx se réfère-t-il au travail et à la domination ? », *Actuel Marx* n°49, 1er semestre 2011, p. 30).

2. M. Heidegger, *La logique comme question en quête de la pleine essence du langage*, trad. cit. (modifiée), p. 187 ; *Logik als die Frage nach dem Wesen der Sprache*, éd. cit., p. 158.

3. Certainement sous l'influence de sa lecture récente des *Manuscrits de 1844* de Marx dans l'édition que Siegfried Landshut venait tout juste d'en donner à l'époque : Karl Marx, *Der historische Materialismus. Die Frühschriften*, Leipzig, Kröner, 1932.

4. W. Benjamin, *Sur le concept d'histoire*, Thèse XI, dans *Œuvres*, t. 3, Paris, Gallimard, 2000, p. 436.

5. W. Benjamin, *Sur le concept d'histoire*, Thèse XIII, *op. cit.*, p. 439.

travail qui, loin d'exploiter la nature, est en mesure de l'accoucher des créations virtuelles qui sommeillent en son sein ». Alors, et alors seulement, on pourra peut-être « voir quatre lunes éclairer la nuit terrestre » [1].

1. W. Benjamin, *Sur le concept d'histoire*, Thèse XI, *op. cit.*, p. 437.

BIBLIOGRAPHIE

ANDERSON Perry, *The Origins of Postmodernity*, Londres, Verso, 1998; trad. Natacha Filippi et Nicolas Vieillescazes, *Les origines de la postmodernité*, Paris, Les prairies ordinaires, 2010.

APPADURAI Arjun, *Après le colonialisme. Les conséquences culturelles de la globalisation*, trad. Françoise Bouillot, Paris, Payot, 2005.

ARENDT Hannah, *Vita activa oder vom tätigen Leben*, München, Zürich, Pipper, 2005; trad. Georges Fradier, *Condition de l'homme moderne*, Paris, Pocket, 1994.

ARTOUS Antoine, *Travail et émancipation sociale. Marx et le travail*, Paris, Syllepse, 2003.

AXELOS Kostas, *Marx penseur de la technique*, Paris, Minuit, 1961.

– *Le jeu du monde*, Paris, Payot, 1969.

BAUMAN Zygmunt, *La société assiégée*, trad. Christophe Rosson, Paris, Hachette, 2007.

– *Le présent liquide. Peurs sociales et obsession sécuritaire*, trad. Laurent Bury, Paris, Seuil, 2007.

BÉGOUT Bruce, *L'Enfance du monde*, Chatou, Les Éditions de La Transparence, 2007.

BENJAMIN Walter, *Über den Begriff der Geschichte*, Gesammelte Schriften Band I, Abhandlungen Teil 3, Frankfurt am Main, Suhrkamp, 1974; trad. Maurice de Gandillac revue par Pierre Rusch, *Sur le concept d'histoire*, dans *Œuvres III*, Paris, Folio-Gallimard, 2000.

BOLTANSKI Luc, *De la critique. Précis de sociologie de l'émancipation*, Paris, Gallimard, 2009.

BOUTON Christophe, *Temps et esprit dans la philosophie de Hegel. De Francfort à Iéna*, Paris, Vrin, 2000.

– *Temps et liberté*, Toulouse, Presses Universitaires du Mirail, 2007.

BUCK-MORSS Susan, *Voir le capital*, trad. Maxime Boidy, Stéphane Roth, Paris, Les prairies ordinaires, 2010.

DARDOT Pierre, LAVAL Christian, *La nouvelle raison du monde. Essai sur la société néolibérale*, Paris, La Découverte, 2009.

DAVIS Mike, *Le pire des mondes possibles. De l'explosion urbaine au bidonville global*, trad. Jacques Mailhos, Paris, La Découverte, 2006

DEJOURS Christophe, *Travail vivant, 2*: *Travail et émancipation*, Paris, Payot, 2009.

DEJOURS Christophe, BÈGUE Florence, *Suicide et travail : que faire ?*, Paris, P.U.F., 2009.

DERANTY Jean-Philippe, « Travail et expérience de la domination dans le néolibéralisme contemporain », *Actuel Marx* n°49, 1er semestre 2011, p. 73-89.

DREYFUS Hubert L., *Being-in-the-World. A Commentary on Heidegger's Being and Time*, Cambridge (Massachusetts), The MIT Press, 1991.

ELDRED Michael, *Kapital und Technik. Marx und Heidegger*, Dettelbach, J. H. Röll, 2000.

FISCHBACH Franck, *La production des hommes. Marx avec Spinoza*, Paris, P.U.F, 2005.

– *Sans objet. Capitalisme, subjectivité, aliénation*, Paris, Vrin, 2009.

– *Manifeste pour une philosophie sociale*, Paris, La Découverte, 2009.

— (éd.), *Marx. Relire Le Capital*, Paris, P.U.F., 2009.

GORZ André, *Les chemins du paradis*, Paris, Galilée, 1983.

– *Métamorphoses du travail*, Paris, Galilée, 1988.

GRANEL Gérard, *Ecrits logiques et politiques*, Paris, Galilée, 1990.

– *Apolis*, Mauvezin, TER, 2009.

HABER Stéphane, *L'homme dépossédé. Une tradition critique de Marx à Honneth*, Paris, CNRS-Éditions, 2009.

HARVEY David, *Spaces of Capital : Toward a critical Geography*, Edinburgh, Edinburgh University Press, 2001.

– *Géographie de la domination*, trad. Nicolas Vieillescazes, Paris, Les prairies ordinaires, 2008.

– *Géographie et capital. Vers un matérialisme historico-géographique*, trad. sous la direction de Th. Labica, Paris, Syllepse, 2010.

HEATH Louise Robinson, *The Concept of Time*, Chicago, University Chicago Press, 1936.

HEGEL G.W.F., *Phänomenologie des Geistes*, Gesammelte Werke, Band 9, Hamburg, Meiner, 1980; trad. Bernard Bourgeois, *Phénoménologie de l'esprit*, Paris, Vrin, 2006.

HEIDEGGER Martin, *Sein und Zeit*, Tübingen, Max Niemeyer Verlag, 1984; trad. François Vezin, *Être et Temps*, Paris, Gallimard, 1986.

– *Prolegomena zur Geschichte des Zeitbegriffs*, Gesamtausgabe, II. Abteilung : Vorlesungen 1919-1944, Band 20, Frankfurt am Main, Vittorio Klostermann, 1979 ; trad. Alain Boutot, *Prolégomènes à l'histoire du concept de temps*, Paris, Gallimard, 2006.

– *Logik als die Frage nach dem Wesen der Sprache*, Gesamtausgabe, II. Abteilung : Vorlesungen 1919-1944, Band 38, Frankfurt am Main, Vittorio Klostermann, 1998 ; trad. Frédéric Bernard, *La logique comme question en quête de la pleine essence du langage*, Paris, Gallimard, 2008.

– *Vorträge und Aufsätze*, Pfullingen, Neske, 1954 ; trad. André Préau, *Essais et conférences*, Paris, Gallimard, 1958.

HEIDEGGER Martin/JÜNGER Ernst, *Correspondance (1949-1975)*, trad. Julien Hervier, Paris, Bourgois, 2010.

HONNETH Axel, *Verdinglichung. Eine anerkennungstheoretische Studie*, Frankfurt am Main, Suhrkamp, 2005 ; trad. Stéphane Haber, *La réification. Petit traité de théorie critique*, Paris, Gallimard, 2007.

– *La société du mépris. Vers une nouvelle théorie critique*, édition établie par Olivier Voirol, Paris, La Découverte, 2006.

JAMESON Fredric, *Postmodernism, or the Cultural Logik of Late Capitalism*, Duke University Press, 1991 ; trad. Florence Nevoltry, *Le postmodernisme ou la logique culturelle du capitalisme tardif*, Paris, Beaux-Arts Paris les éditions, 2007.

JÜNGER Ernst, *Le travailleur*, trad. Julien Hervier, Paris, Christian Bourgois, 1989.

KITTSTEINER Heinz Dieter, *Marx-Heidegger*, trad. Emmanuel Prokob, Paris, Le Cerf, 2007.

KOSELLECK Reinhart, *L'expérience de l'histoire*, trad. Alexandre Escudier *et alii*, Paris, Gallimard/Le Seuil, 1997.

– *Le futur passé. Contribution à la sémantique des temps historiques*, trad. Jochen Hoock, Marie-Claire Hoock, Paris, Éditions de l'École des Hautes Études en Sciences Sociales, 1990.

KOSIK Karel, *La dialectique du concret*, trad. Roger Dangeville, Paris, Maspero, 1970.

LAGANDRÉ Cédric, *L'actualité pure. Essai sur le temps paralysé*, Paris, P.U.F., 2009.

LE BLANC Guillaume, *Vies ordinaires, vies précaires*, Paris, Le Seuil, 2007.

LEFEBVRE Henri, *La production de l'espace*, Paris, Anthropos, 2000.

LORDON Frédéric, *Capitalisme, désir et servitude. Marx et Spinoza*, Paris, La Fabrique éditions, 2010.

LUKACS Georg, *Histoire et conscience de classe*, trad. Kostas Axelos, Jacqueline Bois, Paris, Minuit, 1960.

MARCUSE Herbert, *Kultur und Gesellschaft 2*, Frankfurt a. Main, Suhrkamp, 1966.

MARTIN Jean-Clet, *Plurivers. Essai sur la fin du monde*, Paris, P.U.F., 2010.

MARX Karl, *Ökonomisch-philosophische Manuskripte (1844)*, in MARX Karl/ENGELS Friedrich, *Werke*, Band 40, Berlin, Karl Dietz Verlag, 1990; trad. Franck Fischbach, *Manuscrits économico-philosophiques de 1844*, Paris, Vrin, 2007.

MARX Karl/ENGELS Friedrich, *Die deutsche Ideologie*, in MARX Karl/ENGELS Friedrich, *Werke*, Band 3, Berlin, Karl Dietz Verlag, 1990; trad. sous la direction de Gilbert Badia, *L'idéologie allemande*, Paris, Éditions sociales, 1968.

MARX Karl, *Grundrisse der Kritik der politischen Ökonomie (Rohentwurf)*, *1857-1858*, Berlin, Dietz Verlag, 1953; trad. sous la direction de Jean-Pierre Lefebvre, *Manuscrits de 1857-1858: « Grundrisse »*, 2 tomes, Paris, Éditions sociales, 1980.

– *Das Kapital*, Buch I, in MARX Karl/ENGELS Friedrich, *Werke*, Band 23, Berlin, Karl Dietz Verlag, 2005; trad. sous la direction de Jean-Pierre Lefebvre, *Le Capital*, Livre I, Paris, P.U.F., 1993.

– *Œuvres*, édition établie par Maximilien Rubel : tome 1 (*Economie 1*), « Bibliothèque de la Pléiade », Paris, Gallimard, 1963; tome 3 (*Philosophie*), « Bibliothèque de la Pléiade », Paris, Gallimard, 1983.

NEYRAT Frédéric, *L'indemne. Heidegger et la destruction du monde*, Paris, Sens & Tonka, 2008.

POSTONE Moishe, *Time, labor and social domination. A réinterprétation of Marx's critical theory*, Cambridge, Cambridge University Press, 1993; trad. Olivier Galtier et Luc Mercier, *Temps, travail et domination sociale*, Paris, Mille et une nuits, 2009.

RENAULT Emmanuel, *Souffrances sociales. Philosophie, psychologie et politique*, Paris, La Découverte, 2008.

ROSA Hartmut, *Accélération. Une critique sociale du temps*, trad. Didier Renault, Paris, La Découverte, 2010.

SASSEN Saskia, *La globalisation. Une sociologie*, trad. Pierre Guglielmina, Paris, Gallimard, 2009.

SCHMITT Carl, *Le nomos de la Terre*, trad. Lilyane Deroche-Gurcel, Paris, P.U.F., 2001.

SOHN-RETHEL Alfred, *Warenform und Denkform*, Frankfurt a. M., Suhrkamp, 1978.

– *La pensée-marchandise*, trad. Gérard Briche et Luc Mercier, Bellecombe-en-Bauges, Éditions du Croquant, 2010.

STANGUENNEC André, *Les horreurs du monde. Une phénoménologie des affections historiques*, Paris, Éditions de la Maison des sciences de l'homme, 2010.

TOSEL André, *Un monde en abîme. Essai sur la mondialisation capitaliste*, Paris, Kimé, 2008.

– *Du retour du religieux. Scénarios de la mondialisation culturelle 1*, Paris, Kimé, 2011.

VAYSSE Jean-Marie, *Totalité et finitude. Spinoza et Heidegger*, Vrin, Paris, 2004.

VIOULAC Jean, *L'époque de la technique. Marx, Heidegger et l'accomplissement de la métaphysique*, Paris, P.U.F., 2009.

VIRNO Paulo, *Le souvenir du présent. Essai sur le temps historique*, trad. Michel Valensi, Paris, Éditions de l'éclat, 1999.

ZIZEK Slavoj, *Living in the End Times*, Londres, Verso, 2010 ; trad. Daniel Bismuth, *Vivre la fin des temps*, Paris, Flammarion, 2011.

TABLE DES MATIÈRES

Achevé d'imprimer le 24 juillet 2019
La Manufacture - Imprimeur – 52200 Langres – Tél. : (33) 325 845 892
Imprimé en France – N° : 190826 – Dépôt légal : novembre 2011